AF403640

PICPUS

ET

LES CONSTITUTIONS DE SES FONDATEURS

PAR

LE R. P. REMI LERICHE

PRÉDICATEUR

Honora patrem tuam et matrem tuum,
ut sis longœvus super terram.

PARIS

L'AUTEUR, RUE VOLTA, 18.

IMPRIMERIE CARRÉ-MICHELS

PASSAGE DU CAIRE, 78 ET 79

1856

PICPUS

ET

LES CONSTITUTIONS DE SES FONDATEURS

PICPUS

ET

LES CONSTITUTIONS DE SES FONDATEURS

PAR

LE R. P. REMI LERICHE

PRÉDICATEUR

Honora patrem tuum et matrem tuam,
ut sis longævus super terram.

PARIS

L'AUTEUR, RUE VOLTA, 18

IMPRIMERIE CARRÉ-MICHELS

PASSAGE DU CAIRE, 78 ET 79

1856

PICPUS

ET

LES CONSTITUTIONS DE SES FONDATEURS

Si l'exilé, au souvenir des erreurs dont il a été victime, se retourne vers sa patrie et laisse échapper de son cœur autre chose que des regrets et des bénédictions, il ne l'a jamais aimée.

Cette vérité a pour moi la certitude de l'expérience, car je suis exilé, banni d'une congrégation religieuse que je me suis fait la douce habitude d'envisager comme une patrie, je dis trop peu, comme une famille. Là j'avais concentré toute l'activité de mon âme;

j'avais mis à son service mes pensées, ma parole, mes travaux, mon dévouement, mon existence entière, ne conservant dans le monde que de rares amis, dont l'attachement aujourd'hui s'efforce de me faire oublier mes malheurs. Mes adversaires, ou plutôt les adversaires de mes opinions, — je ne peux croire que j'aie des ennemis, je n'ai jamais haï personne, — peuvent m'accuser de m'être égaré dans les moyens par lesquels j'ai voulu sauver ma société, ils sont trop justes pour calomnier la pureté de mes intentions.

Maintenant, jeté en dehors de ma famille religieuse, non par l'apostasie, — rien n'eût été capable de me faire sortir par cette porte, — mais par le bannissement, j'ai emporté avec moi le même désir de lui être utile, le même besoin de contribuer à son bonheur. Ma consolation est de penser que le bon Dieu a permis cette séparation momentanée, pour mettre mon zèle plus à l'aise, en le débarrassant des entraves de la surveillance : il me fallait une action libre, afin de travailler efficacement à l'œuvre de la Providence. Que le Ciel soit béni !

Je ne me dissimule pas les difficultés de ma position. Un religieux, exclu de sa communauté, se trouve nécessairement en face de préventions faciles à concevoir; son témoignage est suspect, surtout en ce qui concerne les affaires de l'Institut d'où il a été forcé de sortir. En effet, on se croit en droit de lui opposer le dilemne suivant : Ou votre expulsion est juste, ou elle ne l'est pas. Dans le premier cas, quelle confiance pouvons-nous avoir à la parole d'un homme justement chassé d'une société estimable? Dans la seconde supposition, quelle confiance peut encore nous inspirer celui qu'une injustice récente a dû naturellement irriter? Il est soupçonné de mensonge ou, pour le moins, d'exagération.

Je pourrais, par un seul mot, couper court à toutes les objections de ce genre en disant : J'ai à mettre sous vos yeux des pièces dont l'authenticité ne sera révoquée en doute par personne ; des pièces dont les originaux, ou au moins des copies fidèles, sont entre les mains de mes adversaires; je ne peux donc avoir la prétention de vous induire en erreur en pareille matière. Je me propose ensuite de poser devant vous des principes, d'en tirer des conséquences; si je suis exagéré dans mes appréciations, vous serez libres de me condamner, après m'avoir entendu.

Cependant, je tiens trop à l'estime de mes lecteurs, pour leur refuser une courte explication, sur la nature de mon renvoi et sur les dispositions dont je suis animé. Je désire les convaincre qu'ils ne se mettent en rapport ni avec une réputation flétrie ni avec un esprit exalté par l'influence des circonstances.

Pour peu que l'on soit au courant de l'état de la Congrégation de Picpus, ma sortie contrainte s'explique naturellement. Cette société, depuis plus de quinze ans, se trouve divisée en deux camps. La majorité, ayant obtenu du Saint Siége l'approbation d'une règle qui change essentiellement celle des fondateurs, travaille au maintien de ces innovations ; la minorité, affligée d'un changement qu'elle considère comme un fléau, s'efforce de revenir à l'esprit primitif et à ses anciennes constitutions. Les considérations humaines les plus puissantes sollicitaient ma volonté en faveur des idées nouvelles ; mais l'inspiration de ma conscience m'a fait un devoir de tout sacrifier pour m'attacher au petit nombre. Soit impression de la vérité, soit illusion profonde, je me suis toujours estimé heureux d'avoir embrassé ce parti. Si j'ai été dans l'erreur, et si j'y suis encore, Dieu ne m'en fera pas un crime, car je suis dans la bonne foi la plus complète, n'ayant pas l'ombre d'un doute sur la légitimité de la cause que je défends.

Malgré mes opinions, loyalement exprimées, j'ai pu vivre dans l'Institut pendant plusieurs années, protégé par l'obscurité de ma position. En 1853, Mgr l'Évêque d'Arras, alors visiteur apostolique de la Congrégation de Picpus, me confia la charge de Supérieur du collége de la Grand'Maison, à Poitiers. Sa Grandeur, si bienveillante pour moi, ne se doutait pas que cette fonction, en me mettant trop en évidence, me deviendrait funeste. Je ne tardai pas, en effet, à être désigné, par la voix publique, comme étant à la tête des amis de la règle ancienne. Ce bruit prenant tous les jours plus de consistance, on a prétendu que je faisais de la propagande ; on a même prononcé le nom de cabale.

Voici la vérité en deux mots, plus tard je donnerai

des explications plus étendues. A l'époque où le T. R. P. Euthyme Rouchouze fut nommé Supérieur général, par les suffrages des amis de la règle nouvelle, Mgr Bodichon et quelques Frères, désespérant sans doute de l'avenir, se séparèrent de nous et allèrent, sans approbation du Saint Siége, dresser leur tente à part et se constituer, de leur propre mouvement, sous les constitutions des vénérables fondateurs. Pour régulariser leur position, ils se hâtèrent de recourir à Rome. Après plus de deux ans de démarches et d'instances, ils se crurent assurés du succès et proclamèrent d'avance leur triomphe. Ce bruit, vrai ou faux, jeta l'alarme parmi nous. Nous étions à la veille d'être obligés d'opter entre l'abandon de nos plus chères espérances, et la soumission à une autorité qui nous inspirait peu de confiance. Je reçus de toutes parts les invitations les plus pressantes d'écrire au Souverain Pontife. pour arrêter, s'il en était encore temps, le coup dont nous pensions être menacés. Je me mis immédiatement à l'œuvre, et, quelques jours après, je faisais partir pour Rome un mémoire dans lequel je réclamais le retour aux constitutions des fondateurs en faveur de ceux qui, par respect pour l'autorité du Saint Siége apostolique, étaient demeurés à leur poste, sous la domination de la règle nouvelle, en attendant le signal de l'affranchissement. En acceptant cette mission honorable, mais périlleuse, je ne me suis pas posé en chef de parti; j'ai fait la fonction de sentinelle avancée, qui s'expose au danger, en vue de l'intérêt commun. Reculer dans cette circonstance eût été une lâcheté. Peut-on après tout me faire un crime d'avoir eu recours à l'autorité pontificale ?

Quant à l'accusation d'avoir fait de la propagande, elle tombe d'elle-même en face des faits. D'abord on ne citera pas un seul membre de la Congrégation gagné par moi à la cause des fondateurs, ce qui est déjà une forte présomption en ma faveur; en second lieu, on ne trouvera pas un seul membre de laC on-grégation qui ose soutenir, devant moi, que j'ai cherché à l'entraîner dans ma manière de voir; enfin je présenterai, quand on le voudra, des Frères dévoués à la règle nouvelle, avec lesquels j'ai vécu dans l'inti-mité, auxquels, par conséquent, j'aurais dû essayer de communiquer mes convictions; ils attesteront que je ne leur ai jamais parlé des affaires de notre société. J'ai vécu deux ans à Paris, et près de trois ans à Poitiers, avec mon propre frère, sans chercher même à connaître ses opinions; est-il probable, après cela, que j'aurais travaillé à influencer des étrangers?

Quoiqu'il en soit, on m'a jugé dangereux pour la tranquillité de la Congrégation. Le T. R. P. Supérieur général m'écrivit le 28 mars dernier : « Le malaise et » le désordre commencent à s'introduire dans notre » institut, par suite de toutes ces idées que vous vous » étudiez à lancer de divers côtés, sur l'esprit pré-» tendu primitif, sur une règle prétendue ancienne, » et cela à propos et hors de propos; *par cela même* » vous devenez dangereux pour nous, mieux vaut

» pour vous mille fois nous quitter que d'être pour la
» Congrégation des Sacrés Cœurs une pierre de scan-
» dale. J'aurai toujours de l'estime pour vous à cause
» de vos talents, je vous aimerai même à cause de
» certaines qualités personnelles. »

Deux jours après on notifiait, à la maison dont j'étais supérieur, la sentence par laquelle j'étais séparé de la communauté. Le lendemain je prenais le chemin de l'exil.

Loin de moi la pensée de faire parade d'un stoïsme stupide, que les coups les plus terribles trouvent indifférent : je n'ai point été insensible à la mesure dont j'ai été victime. Néanmoins, le ciel m'a fait la grâce de n'avoir ressenti aucune impression désavouée par une conscience chrétienne et religieuse. J'ai vu en cela l'action de Dieu qui dirige l'homme vers son but par des sentiers inconnus, j'ai adoré ses desseins impénétrables, me réjouissant d'avoir été trouvé digne de souffrir pour l'œuvre des saints. Mon changement de situation n'a produit dans mon âme aucune altération : je vis en d'autres lieux; mes pensées et mes affections sont toujours restées dans ma chère Congrégation. Vous n'avez point à craindre de rencontrer dans mes écrits des paroles haineuses contre les auteurs de mon renvoi ni contre ceux qui l'ont préparé ou qui l'ont accueilli avec bonheur; j'aurais beau chercher dans mon cœur une seule goutte de fiel pour y tremper ma plume, je ne l'y trouverais pas.

MAINTENANT IL EST TEMPS D'ABORDER LA QUESTION.

Est-il permis aux membres de la Congrégation des Sacrés Cœurs de Jésus et de Marie, dite de Picpus, qui regrettent la perte des règles et des constitutions de leurs vénérables fondateurs de travailler à une restauration religieuse ?

Pour traiter cette matière avec ordre, j'aurai à répondre aux questions suivantes :

1° Les fondateurs de la Société de Picpus présentent-ils, dans l'ensemble de leur vie, les caractères d'une mission providentielle, pour l'établissement de l'œuvre à laquelle ils ont consacré leur existence?
Les faits répondront : Oui.

2° Ces fondateurs, avant de mourir, ont-ils eu le temps de mettre la dernière main à leur œuvre? Ont-ils accompli entièrement leur mission?
Les faits répondront : Oui.

3° Après leur mort, a-t-on apporté à leurs constitutions et règles autre chose que de simples modifications ou éclaircissements? A-t-on réellement opéré des changements essentiels?
Les faits diront toujours : Oui.

4° Est-il raisonnable de vouloir revenir aux constitutions et règles des vénérables fondateurs?

5° Comment peut-on y revenir ?

PREMIÈRE PARTIE.

Les fondateurs de la Société de Picpus présentent-ils, dans l'ensemble de leur vie, les caractères d'une mission providentielle pour l'établissement d'une Congrégation?

Tous les ordres religieux étalent, avec une sorte d'orgueil, sous les yeux de la postérité, les mérites et les vertus de leurs saints fondateurs : ils sont en effet les ancêtres de la famille, auxquels il faut remonter pour découvrir ses titres de noblesse. Picpus n'eût jamais fait exception à cette loi générale, sans les circonstances fâcheuses au milieu desquelles sa vie s'est débattue. Je n'entreprendrai pas aujourd'hui de remplir ce vide. Si mon exil se prolonge, j'en consacrerai les loisirs à ce travail plein de charmes. Pour le moment, un aperçu rapide de la vie du **T. R. P. Marie Joseph Coudrin** et de la **T. R. M. Henriette Aymer de Lachevalerie**, prouvera suffisamment qu'ils avaient reçu du ciel la mission de fonder l'Institut des Sacrés Cœurs de Jésus et de Marie et de l'Adoration perpétuelle du Très Saint Sacrement de l'Autel.

CHAPITRE PREMIER.

Le T. R. P. Coudrin.

Lorsque, dans son adorable sagesse, le Ciel a décrété l'établissement d'une nouvelle société religieuse, il prépare de loin les instruments dont il se servira un jour pour l'accomplissement de son œuvre. C'est ce que nous remarquons particulièrement dans la vie de notre saint fondateur.

La famille est le milieu dans lequel l'existence humaine commence à se développer, et l'on se ressent toujours de l'influence de l'éducation reçue au foyer domestique. Pendant les premières années qui précèdent l'épanouissement de la raison, le bien et le mal tombent dans l'âme par l'infusion de l'exemple et d'une parole acceptée sans contrôle. Heureux donc celui dont l'atmosphère de famille est embaumée par l'odeur des vertus chrétiennes ! Pierre Coudrin naquit à Coussay-les-Bois, village obscur du diocèse de Poitiers, le 1er mars 1768. Son père, vieillard aux mœurs patriarchales, récitait tous les jours les sept psaumes de la pénitence, afin d'obtenir pour ses enfants la grâce d'être préservés de tout péché mortel. On comprend, par ce seul trait, en quelles mains la Providence avait déposé cet enfant de bénédiction.

M. Coudrin, désirant consacrer son fils au service des autels, le plaça chez M. l'abbé Riom, vicaire de Saint-Fêle-de-Maillé, frère de Mme Coudrin. Ce ne fut pas sans un dessein tout spécial du Seigneur que le jeune prédestiné se trouva confié aux soins de son oncle. Il appartient aux saints d'implanter la sainteté dans les âmes et de l'y cultiver. A ce titre, M. l'abbé Riom était bien capable de former le cœur de son neveu, lui dont la foi vive sut braver les fureurs de la persécution et l'obliger à mourir sur le vaisseau des déportés, victime des privations de tous genres inventées par un raffinement de cruauté. Cependant Dieu réservait à cet enfant un directeur d'un mérite plus connu : c'était le pieux curé de Saint-Pierre-de-Maillé, M. l'Abbé Fournet, fondateur des Dames religieuses de la Croix, mort en odeur de sainteté.

Les germes d'une vraie et solide piété prirent facilement racine dans une conscience préparée par le naturel le plus heureux. A l'exemple du divin Maître, il croissait tous les jours en grâce et en sagesse devant Dieu et devant les hommes. La vertu, arrosée par des mains aussi habiles, se fortifia tellement dans le cœur du jeune Coudrin, qu'il put sans danger être envoyé au collège de Chatellerault, pour y terminer ses études. Cette transition, d'ordinaire si fatale aux jeunes gens, n'apporta aucun changement à ses habitudes religieuses. Il les conserva également à Poitiers pendant sa philosophie.

N'étant encore âgé que de 21 ans, la grandeur de son âme se révéla toute entière dans une circonstance malheureuse. Ses parents venaient de perdre un procès qui compromettait leur médiocre fortune. Pleinement soumis aux décrets de la divine Providence, il se charge du soin de porter le calme de la résignation au sein de sa famille désolée : « Prions le Seigneur,
» écrivait-il, d'avoir pitié de nous et de nos ennemis.
» C'est en lui, de lui et par lui, que vient toute notre
» consolation.... Il est quelquefois utile au salut
» d'éprouver de pareils accidents pour réprimer
» l'orgueil. Voilà de grands motifs pour nous faire
» souffrir avec joie ces espèces de pertes que nous
» appelons malheurs. Laissons les autres comme ils
» sont, n'en parlons jamais mal ; mais écrions-nous,
» sans cesse : Je sais, Seigneur, que quand ils m'ôte-
» raient, comme à vous, jusqu'à ma robe, ils ne m'en-
» lèveraient jamais mon âme. »

Enfin, le moment d'entrer au grand séminaire était arrivé. Il y fut admis après avoir subi avec distinction les examens nécessaires. Il y sacrifia son goût pour la musique, afin de se livrer tout entier aux études sérieuses. Sa régularité lui concilia bientôt l'estime et l'affection de tous les directeurs. Il fut le modèle des séminaristes fervents, comme il avait été le modèle des enfants studieux, soumis et religieux.

L'orage révolutionnaire grondait depuis longtemps : la tempête ne tarda pas à éclater. La France, travaillée depuis plus d'un demi-siècle par l'esprit philosophique, se rua sur le passé. Ivre d'anarchie et d'impiété, elle renversa temples et palais, autels et trônes, et posa le prêtre entre le schisme, l'exil ou la mort. Alors les pierres du sanctuaire furent dispersées, les jeunes lévites renoncèrent à une vocation qui réclamait le courage des martyrs. Tandis que les autres reculaient devant un fardeau trop pesant pour leurs épaules, l'intrépide abbé Coudrin, animé d'un saint zèle à la vue des dangers qui environnaient la vie sacerdotale, s'empressa d'aller à Paris pour y recevoir la prêtrise. M. de Bonald, évêque de Clermont, s'y tenait caché et consentait à imposer les mains sur la tête des derniers volontaires de la sainte milice.

Le 1er mars de l'an 1792, on se réunit à la bibliothèque du séminaire des Irlandais pour une ordination. Les fauteurs de la Révolution avaient choisi la chapelle de cet établissement pour y tenir leur club. Il fallait réciter les prières à voix basse, pour ne point éveiller leur attention : le moindre bruit les aurait attirés.

Au moment de l'ordination, M. l'abbé Coudrin ressentit, sous l'onction de l'évêque, une impression très sensible dans les mains. Elle dura pendant plus d'une année. Il serait difficile de ne pas reconnaître dans ce fait un miracle ; car il faut nécessairement choisir entre ce parti ou une imposture. Or, le caractère bien connu du vénérable fondateur, et son extraordinaire sainteté, ne nous permettent pas de nous arrêter à cette dernière supposition. Il ne nous reste donc qu'à admettre, ou un miracle, ou une foi tellement grande qu'elle sera elle-même un miracle d'un autre ordre, En effet, si Dieu a directement opéré dans cette circonstance, cette action est évidemment un prodige ; si, au contraire, on attribue cette vive impression à la foi ardente du nouveau prêtre, comment expliquer, sans un miracle de la grâce, une foi qui produit un effet aussi vif, aussi durable, pendant toute une année, et même davantage ? Au reste, la vie d'un fondateur d'ordre religieux ne doit pas être mesurée aux proportions d'une vie ordinaire, et nous ne devons pas être surpris d'y rencontrer du merveilleux.

Brûlant de zèle pour la gloire de Dieu et le salut des âmes, il revint dans sa famille pour consacrer les prémices de son sacerdoce aux habitants de Coussay-les-Bois. Il y exerça le saint ministère avec la permission du curé légitime. Il en continua. l'exercice après l'expulsion de ce vénérable pasteur. Ce premier essai de courage faillit lui devenir funeste. Un dimanche, au moment où il allait monter à l'autel, le maire, en lui présentant la lettre d'un prêtre intrus, qui annonçait son arrivée pour le soir même, le pria d'en faire la lecture en chaire. Il promit de faire cette lecture afin de mieux accomplir son projet. On crut un instant qu'il allait engager les paroissiens à se soumettre à ce prêtre sans mission. L'office étant terminé, il se retourna vers les assistants, et, la lettre du mercenaire à la main, il les prévint qu'un faux pasteur devait venir ravager le troupeau, et que ni lui, ni sa famille ne prendraient part à cet acte schismatique. Ce langage, expression d'une âme noblement indépendante, pouvait lui coûter la vie. Il comprit le danger. Content d'avoir affermi les bons dans les vrais principes, il prit la fuite pour se soustraire aux passions des méchants.

Tant de zèle ne manqua pas d'être apprécié par M. de Bruneval, administrateur du diocèse de Poitiers, qui lui conféra les pouvoirs les plus étendus. Il ne put les exercer de suite : sa vie était trop menacée. Il fallait commencer par détourner l'attention portée sur sa personne; ou plutôt, le ciel avait des secrets à révéler à son cœur, et c'était dans la solitude que devait s'opérer cette communication. Cette solitude, il la trouva au château de La Motte-d'Usseau, près Châtellerault, appartenant à Mme de Viart, qui a été la seconde Supérieure générale, et la seconde fondatrice de l'ordre dont il a été le fondateur.

Ne trouvant de sûreté nulle part, il fut forcé de s'enfermer dans un petit grenier, dépendant d'un bâtiment qui touche à l'entrée du château. Il pouvait à peine s'y tenir debout et y faire quelques pas. Ce fut dans cette sorte de cachot qu'il fit une longue retraite, partageant son temps entre la lecture de l'histoire ecclésiastique et la prière. La pratique de l'oraison lui fit bientôt goûter le charme inexprimable de la présence de Dieu. Il avait souvent le bonheur de célébrer les saints mystères. Quoiqu'il ne réservât aucune hostie consacrée, il croyait à la présence réelle de Jésus-Christ dans sa solitude, parce qu'il espérait que le corporal, sur lequel il avait posé la victime sainte, contenait encore des parcelles des espèces adorables. Ses jours s'écoulaient dans une adoration perpétuelle.

Vers le mois de septembre 1792, après la célébration de la messe, étant en contemplation devant les perfections divines, il vit se dérouler devant lui une scène extraordinaire. Au milieu d'une vaste campagne, il apercevait divers ouvriers livrés à différents travaux ; des femmes leur venaient en aide, et s'employaient aux occupations multipliées que leur courage leur faisait supporter. L'explication intérieure qu'il reçut, en même temps, du tableau qu'il avait devant les yeux, fut que les ouvriers signifiaient des ministres de l'Évangile ; et les femmes, des religieuses d'un ordre nouveau ; que les uns et les autres ne feraient qu'un seul et même Institut, dont il serait le fondateur. Comme signe par lequel il pourrait bientôt constater la divinité de sa mission , il fut transporté en esprit dans une maison qu'il n'avait jamais vue , dont il ne soupçonnait pas même l'existence, et qui lui fut montrée comme devant être la première de son ordre. Pour éviter les dangers de l'illusion , il ne se laissa point préoccuper par les souvenirs de cette vision, ce qui lui fit en oublier une foule de détails ; mais il ne put détruire en lui le pressentiment de sa vocation à fonder une société religieuse.

CHAPITRE II.

Commencement d'exécution.

La mission était donnée. M. Coudrin abandonna la retraite de La Motte-d'Usseau, pour se livrer tout entier à la disposition de la Providence. Ses hôtes, le voyant avec peine se jeter de nouveau au milieu des périls, il leur dit, pour les consoler, que le ciel avait des desseins sur lui. Il leur parut en ce moment sous l'action d'une inspiration céleste, et ils ont déclaré qu'à partir de ce jour, ils l'ont regardé comme destiné à une œuvre particulière. Ils ont même remarqué qu'il leur avait fixé à dix ans la durée du schisme produit par la constitution civile du clergé ; ce que l'événement a vérifié.

A peine sorti du château de La Motte-d'Usseau, M. Coudrin se prosterna au pied d'un chêne, fit à Dieu le sacrifice de sa vie et se releva pour continuer sa route. Il n'entre pas dans mon plan de le suivre dans ses courses apostoliques, à travers les campagnes des environs de Poitiers. Ce n'est point ici le lieu de raconter son zèle infatigable à entretenir la foi persécutée au sein de ces populations ignorantes, les dangers auxquels sa vie fut continuellement exposée, la protection miraculeuse dont il fut tant de fois l'objet de la part du ciel, les prodiges nombreux qui encourageaient son dévouement. Je ne parlerai pas non plus de sa première apparition dans la ville de Poitiers, où, sous le nom de Marche-à-Terre, il fut assez heureux d'échapper à la fureur de la persécution. Je passerai également sous silence sa seconde mission au milieu des campagnes, mission non moins périlleuse que la première.

Deux ans se passèrent, pendant lesquels le saint missionnaire, sans asile assuré, allait se réfugier dans les bois durant le jour, et parcourait les villages durant la nuit. Enfin, le temps était venu où la Providence allait mettre entre ses mains le germe qui, en se développant, et en se dégageant de tout élément étranger, devait former la Congrégation dont il avait reçu la révélation dans sa retraite de La Motte-d'Usseau.

En 1794, la foi avait réuni dans une même maison, située rue d'Oléron, à Poitiers, quelques femmes pieuses. La dévotion au Sacré Cœur de Jésus et de Marie les unissait sans aucun vœu. M. Coudrin trouva chez elles un logement. Il les suivit, lorsque, peu de temps après, elles transférèrent leur domicile dans la rue du Moulin-à-Vent.

Rempli de l'invincible persuasion de sa vocation à être le fondateur d'un nouvel ordre religieux, il soupçonna que la pieuse réunion pourrait un jour se transformer en Congrégation. Cependant elle était loin d'avoir une forme monastique. Plusieurs membres ne voulaient pas même de la vie commune, et Mlle Geoffroy, leur présidente, n'habitait pas la maison de la petite société. Quant aux prêtres qui faisaient partie de l'association, ils se bornaient à désirer la continuation de cet état de confrérie purement séculière. L'action de M. Coudrin consistait à préparer, dans le silence, les prières qui devaient un jour entrer dans la construction de l'édifice projeté : il s'attachait, par une direction éclairée et ferme, à séparer du monde les âmes plus disposées à la retraite. On prétend même que Dieu, en accordant à la simplicité de sa foi, un grand nombre de miracles, se plaisait à lui concilier l'estime et la confiance universelles.

Tel était l'état des choses lorsque Mlle Henriette Aymer de la Chevalerie demanda la faveur d'être admise au nombre des associées. On ne crut point alors à son intention de rompre avec le monde au milieu

duquel on l'avait vue briller. Elle fut donc refusée.
Sa constance ne se rebuta pas, elle se présenta
de nouveau et fut admise.

Mlle Henriette Aymer sortait de prison. Elle y avait
été renfermée avec sa mère pour avoir donné l'hospi-
talité à un prêtre, crime capital ; heureusement la
chute de Robespierre arracha ces deux victimes à
l'échafaud.

Au fond de son cachot, d'où elle entrevoyait l'ap-
pareil du dernier supplice, cette âme prédestinée
s'abandonna toute entière à la méditation des vérités
éternelles. En présence d'un monde infini qu'elle
croyait toucher, elle fut saisie d'un saint mépris pour la
petitesse du monde actuel. Résolue de mourir à la
terre et de vivre pour le Ciel, elle se hâta de jeter son
passé loin d'elle, par une confession générale. M. l'abbé
Soyer, mort depuis évêque de Luçon, fut le déposi-
taire des secrets de sa conscience. A partir de cet instant, sa détermination fut arrêtée ; elle venait de
mettre la main à la charrue, elle ne regarda jamais
en arrière. Quand le danger fut passé, les souvenirs
qu'elle conservait du siècle excitaient dans son cœur
un seul regret, celui d'avoir attaché du prix aux
avantages trompeurs, avec lesquels il séduit ceux
qui peuvent en être le plus bel ornement. La retraite
et le silence faisaient ses délices.

Il fallait réunir ces deux âmes, afin de les employer
à une même œuvre. M. Soyer s'étant absenté,
Mlle Henriette eut besoin de chercher un directeur.

Elle demanda conseil; plusieurs ecclésiastiques lui furent désignés. Quant à **M.** l'abbé Coudrin , on le lui signala comme un prêtre d'un grand mérite , mais extrêmement sévère. Cela ne l'empêcha pas de le choisir, et bientôt elle reconnut combien elle avait à bénir le Seigneur de lui avoir donné un conseiller aussi pieux et aussi prudent.

Dès que Mlle Henriette eut été admise dans la Société des Sacrés Cœurs, on la voyait presque continuellement au pied des saints autels. Elle s'était condamnée à un silence absolu. Plusieurs associées voulurent imiter son exemple. On leur donna le nom de Solitaires, et Mlle Henriette fut nommée leur Supérieure. Ainsi, Dieu la formait pour l'accomplissement de ses desseins. Elle se sentait appelée à la vie religieuse; mais l'association ne semblait pas s'avancer vers ce but. Elle en sentit une vive douleur dont elle fit part à son nouveau directeur. Celui-ci, heureux de rencontrer des sentiments si bien en harmonie avec ses vues, la regarda dès lors comme une coopératrice que le Ciel lui envoyait , pour l'aider dans son entreprise. Depuis ils n'ont cessé de travailler, avec un concert merveilleux , à l'établissement et au développement de la Congrégation des Sacrés Cœurs.

La vie religieuse ne pouvait s'implanter dans une association formée d'éléments où l'esprit séculier prédominait, sans provoquer une scission. Dans cette prévision, la prudence demandait que l'on s'assurât la possession d'une demeure convenable. Les jeunes fondateurs le comprirent, et Mlle Henriette, sur l'avis de M. Coudrin, fit l'acquisition d'une maison située dans la rue des Hautes-Treilles. Celui-ci s'empressa d'aller la visiter. Quel ne fut pas son étonnement, son admiration et sa reconnaissance envers Dieu, quand il reconnut, dans la distribution du bâtiment, celle même qui lui avait été montrée dans sa vision à **La Motte-d'Usseau.** « Voilà bien ce que j'ai vu ! » s'é-cria-t-il involontairement. On y transporta le Saint Sacrement sur la fin de septembre 1797.

On pourrait s'arrêter ici et dire : **convenez que M.** Coudrin a reçu d'en haut la mission spéciale de fonder la Congrégation, ou ayez le triste courage de le traiter d'imposteur, il n'y a pas de milieu. Il déclare en entrant pour la première fois dans la maison des Hautes-Treilles, en parcourant ces bâtiments qu'il n'avait jamais connus : « Voilà bien ce que j'ai vu ! » Mais comment a-t-il pu le voir autrement que par la vue que Dieu lui en a donnée? Un rêve, une imagination, n'eût jamais eu cette correspondance avec la réalité. Pour tout véritable enfant du Bon Père, cette démonstration est concluante.

Les dames associées pouvaient se partager en trois classes : la première était composée de celles qui vivaient dans le monde; celles qui habitaient la maison des réunions comprenaient deux autres classes : celle des internes gouvernées par Mlle Geoffroy, et celle des internes solitaires gouvernées par Mlle Henriette. Un conseil composé de plusieurs prêtres, ayant un

doyen à leur tête, avait la haute direction de l'association. Aucune mesure ne pouvait être exécutée
sans l'assentiment de l'assemblée générale, à la majorité des suffrages. Cette majorité s'obtenait difficile-
ment, et l'on se retirait souvent sans rien faire, car
les trois classes n'avaient pas les mêmes vues. Comment sortir de ce chaos?

Sur les observations de Mlle Henriette, le conseil
des prêtres et Mlle Geoffroy elle-même comprirent
l'impossibilité d'un double gouvernement, dans une
même maison. On plaça donc toutes les associées internes sous la direction de la Supérieure des Solitaires, et Mlle Geoffroy conserva uniquement la présidence des associées externes.

Il fallait donner une règle à l'association. La nouvelle supérieure fit choix de plusieurs articles de la
règle des Trappistes qu'elle proposa, d'accord avec
M. Coudrin, pour servir d'épreuve à celles qui vou-
draient entrer en religion. On commença par les
grands jeûnes le 1er janvier 1799, puis on s'imposa
successivement d'autres pratiques de pénitence, telles
que de coucher sur la planche, de se vêtir entièrement de laine et de n'user que d'aliments maigres.
On avait fait un pas vers la forme religieuse ; mais on
était encore loin du but. Les associés internes se
trouvaient toujours à la merci des opinions venant du
dehors. Pour faire cesser cet état de choses, les Solitaires proposèrent de faire présider toute l'association par la Supérieure des associées internes. La bonté

de cette mesure finit par être reconnue , et Mlle Henriette devint Supérieure générale. Cette supériorité était une présidence, soumise aux conseils toujours variables des prêtres associés, et à l'instabilité des opinions d'une majorité totalement étrangère à la **vie** religieuse. Il s'agissait, par un dernier effort, de se débarrasser de ces entraves.

M. Coudrin, afin d'atteindre son but sans rupture violente, commença par annoncer aux internes réunies, son intention de fonder un ordre religieux. Cette déclaration produisit l'effet qu'il en attendait : celles qui ne se sentaient pas appelées à ce genre de vie , songèrent à se retirer.

Pour donner un commencement d'exécution à leur plan, les deux fondateurs réunirent leur petite communauté le 20 octobre 1800. Mlle Henriette, et quatre autres sœurs prononcèrent des vœux annuels, et M. Coudrin, avec deux jeunes postulants, prit des résolutions sous le nom de Caprais.

On apercevait déjà les premiers linéaments de l'œuvre : le Ciel aplanissait peu à peu les difficultés : Mlle Henriette avait été nommée successivement, malgré une multitude d'obstacles, supérieure des solitaires , supérieure des internes réunies, supérieure générale de toute l'association , il ne lui manquait plus que d'être fixée dans cette position. M. Coudrin fit comprendre aux associées l'inconvénient d'une autorité muable, et la fit nommer à vie. L'autorité diocésaine approuva cette élection et la Congrégation elle-même, par un acte en date du 28 octobre 1800. L'approbation ecclésiastique demeura secrète, afin de ne pas offenser les idées de l'époque. En outre, les vicaires généraux, ayant fait l'observation qu'une communauté de femmes devait toujours avoir un prêtre recommandable pour la diriger, jetèrent les yeux sur M. Coudrin, et le nommèrent supérieur, complétant ainsi la communauté. La petite famille religieuse voyait enfin à sa tête un père et une mère auxquels elle s'empressa de donner les noms de Bon Père et Bonne Mère, qu'ils ont si bien mérités par leur dévouement, et que la postérité doit leur conserver. Je ne les désignerai plus maintenant sous un autre titre.

La nuit de Noël de l'an 1800, le Bon Père, sur le point de célébrer les saints mystères, et après avoir fait une touchante amende honorable aux Divins Cœurs de Jésus et de Marie, prononça les vœux perpétuels de pauvreté, de chasteté et d'obéissance, et prit les noms de Marie-Joseph. La Bonne Mère, qui n'avait fait que des vœux annuels, fit après lui des vœux perpétuels.

On ne songea pas à faire un mystère de ce qui s'était passé. Le Bon Père fit connaître, aux membres de l'association, l'autorisation ecclésiastique en vertu de laquelle il avait agi. Cet aveu souleva un orage auquel on s'était attendu : le conseil des prêtres ne voulut point entrer dans les vues des fondateurs, et celles, d'entre les associées, qui voulaient réserver à Mlle Geoffroy le privilége de fonder l'œuvre, furent

mécontentes. Une assemblée générale fut convoquée.
Le conseil des prêtres y proposa des mesures qui an-
nonçaient que l'on voulait se mettre en garde contre
de prétendus empiètements de la communauté naissante. La Bonne Mère fit des propositions en harmonie avec l'existence de la société; mais son avis fut
repoussé. Tout espoir de fusion disparut, au milieu
d'une délibération dominée par un parti pris et vivement exprimé. Le président du conseil dit à la
Bonne Mère que, si elle ne voulait pas adhérer aux
mesures proposées par ses confrères, le conseil pro-
noncerait la séparation.

Elle crut ne pas pouvoir céder. La séparation fut
mise aux voix et prononcée. Ainsi se trouva dégagée
de tout alliage l'œuvre de la Congrégation des Sacrés
Cœurs de Jésus et de Marie.

Comment ne pas voir l'action de la Providence
dans ce travail qui a préparé la formation de notre
institut?

CHAPITRE III.

Révélations faites à la bonne Mère.

A cette époque, la Bonne Mère reçut des communications célestes très-fréquentes. Longtemps elle
garda le secret des impressions profondes que la pré-

sence de Dieu opérait en elle pendant ses adorations.
Elle fut enfin contrainte d'avouer à son directeur
toutes les merveilles qui se passaient en elle. Je ne
prétends pas devancer ici le jugement du Saint-Siége
et m'arroger le droit de prononcer, d'une manière
infaillible, sur la nature de ces communications;
mais, antant qu'il est donné à la raison de l'homme
de reconnaître les signes d'une révélation divine, les
notes laissées par la Bonne Mère entre les mains du
Bon Père offrent les caractères d'une véritable inspiration du Ciel. La piété extraordinaire de la vénérable fondatrice ne nous permet pas de supposer de sa
part une supercherie; d'un autre côté, la solidité de
son esprit, la lucidité de son jugement pour tout le
reste, ne peut s'allier avec l'hypothèse d'une illusion
produite par l'exaltation de l'imagination. J'espère
pouvoir publier plus tard un recueil de ces communications si édifiantes, je me contenterai ici d'en citer
quelques-unes relatives à mon sujet.

Le 2 février 1801, le Bon Père rassembla toute la
maison, novices et donnés. Revêtu de son aube, il fit,
un cierge à la main, une touchante amende honorable pour toutes les fautes de sa vie. Il exprima avec
énergie l'ardente affection avec laquelle il mettait le
sceau à ses engagements, puis ayant renouvelé ses
vœux, il se prosterna. On le couvrit d'un drap mortuaire en récitant le *de Profundis*. Quand les prières
furent finies, il se releva et reçut les vœux de deux
novices, qui se mirent aussi sous le drap mortuaire.

La Bonne Mère, qui, pendant tout ce temps, avait été plongée dans une profonde contemplation, rendit compte en ces termes, le lendemain, au Bon Père, de ce que Dieu lui avait montré : « A l'instant où nous » sommes entrés à l'église, toute la cour céleste a » cessé toute occupation pour regarder ce qui se » passait dans notre chapelle, comme étant une chose » d'un grand étonnement et d'un grand intérêt pour » les habitants du ciel. A l'instant de votre prière, » tous les anges et tous les saints ont prié pour vous, » particulièrement les *fondateurs* d'ordre. plus parti- » culièrement saint Benoît, saint Bernard et saint » Isidore. C'est à l'instant du *de Profundis* que le » Saint-Esprit est descendu sur vous, mais pour vous » *seul;* et c'est à la fin que Notre Seigneur vous a » donné sa bénédiction. Les saints ont continué à » prier pour vous. »

Dieu lui montrait souvent un livre dans lequel il avait écrit les noms des membres de la Congrégation. Au mois de mars 1801, elle écrivit au Bon Père : « J'ai revu le petit livre pour ma consolation. Ce petit » livre me dit que nous sommes les seuls, que nous » serons approuvés, que Marie est et sera toujours » notre protectrice, notre soutien, que nous aurons » même toujours part aux affections de son cœur; » qu'il faut avoir recours à elle quand Dieu se retire, » dans nos peines, dans nos désolations, dans notre » infidélité. Elle priera pour nous si nous l'invoquons, » au lieu de nous désoler. »

Le lendemain, elle ajouta : « La Sainte Vierge a
» prié pendant la messe, mais pour vous *seul*. Il m'a
» été montré aussi qu'il nous viendrait plusieurs bons
» sujets en hommes, qui nous donneraient beaucoup
» de consolations selon Dieu, et qui extérieurement
» nous donneraient aussi beaucoup de considération.
» Ce sera dans un moment où nous serons humiliés,
» même un peu découragés. La Sainte Vierge ne cesse
» de prier pour nous. »

Le 10 février 1801 elle écrivit encore au Bon Père :
« Pendant le *Salve*, le bon Dieu nous a ouvert son
» cœur : il a dit : Venez, mes enfants, venez, mes
» amis, venez vous plonger dans mon cœur, venez
» vous submerger d'amour et de douleur. La Sainte
» Vierge ne priait pas comme à l'ordinaire, elle était
» dans la joie et semblait nous montrer à son fils. Les
» anges s'empressaient autour d'elle. Je suis tombée
» en adoration; malgré cela, j'ai remercié la Sainte
» Vierge. On m'a réveillée et je suis partie. Quand je
» suis revenue, le bon Dieu m'a encore ouvert son
» cœur. Il a mis au mien une douleur et un amour
» inconcevables. »

Le 9 octobre 1801 : « C'est ce matin avec Notre
» Seigneur que j'ai vu saint Bernard, que j'ai distin-
» gué le premier, ensuite saint Dominique, saint
» Augustin, que j'ai eu peine à trouver; saint Pacôme,
» qui m'a été nommé. Je le prenais pour saint Jérôme,
» pensant qu'il devait prier pour vous. Vous devez à
» vous seul faire tout ce que faisaient les institutions

» qu'ils ont fondées. Saint Pacôme veut dire que vous
» aurez un grand nombre de disciples, qu'ils mène-
» ront une vie pénitente; saint Augustin, que vous
» devez facilement croire à la conversion des pécheurs,
» les recevoir, les aider; que vous en convertirez
» beaucoup avec un abord facile; saint Dominique,
» c'est la science et que vous devez prêcher, instruire
» la jeunesse; mais c'est saint Bernard que vous devez
» imiter; il renferme tout : son amour pour les en-
» fants, sa solitude, ses courses auprès des papes,
» des rois, des grands. Comme lui, quoique vos af-
» faires viennent du bon Dieu, vous serez critiqué,
» persécuté. »

En octobre 1801 : « Je me suis trouvée ce matin
» encore plus avec le bon Dieu qu'à l'ordinaire; je
» n'ai jamais entendu la messe comme cela. J'ai tou-
» jours prié pour vous, et il me semblait que Dieu
» m'exauçait. Néaumoins, je puis assurer qu'il ré-
» pand dans le cœur une certaine suavité d'amour
» toute particulière lorsque je prie pour vous. Sur-
» tout dans le moment après la communion, il m'a
» passé comme un gros nuage qui s'était entr'ouvert
» pour me laisser voir, d'un côté sainte Madeleine
» aux pieds de Notre Seigneur, dont je sentais la
» présence, mais qui était dans le nuage; de l'autre
» côté saint Joseph, au milieu la sainte Vierge vous
» présentant à Notre Seigneur. Elle était au milieu
» de saint Joachim et de sainte Anne. C'était nos
» quatre saints qui présentaient à Notre Seigneur

» des rouleaux de papiers qui contenaient leurs con-
» stitutions. Ils semblaient intercéder pour vous et
» dire : Ils remplissent tout cela. Nous devous avoir,
» nous, une dévotion particulière à sainte Madeleine
» et, comme elle, nous tenir aux pieds de Jésus ;
» vous autres, à saint Jean. Nous avons pour protec-
» teurs saint Joachim et sainte Anne. Vous devez
» prêcher la dévotion à ces deux saints, dont l'inter-
» cession est très peu en usage, et par le moyen
» desquels on obtiendrait bien des grâces. Nous en
» devons faire une fête particulière. »

Le 3 février 1802 : « Le bon Dieu m'a fait con-
» naître qu'il s'est montré corporellement à la sœur
» Marie Alacoque, afin qu'elle fit connaître la dévo-
» tion à son Sacré Cœur. Il a accordé cette grâce aux
» filles de la Visitation, parce que leur règle est douce,
» commode pour tous, quoiqu'elle exige beaucoup
» d'esprit intérieur. Il a répandu sur elles une cer-
» taine dilection, afin de faire aimer et étendre cette
» dévotion. Actuellement qu'elle est adoptée, il veut
» un ordre qui soit destiné à adorer son cœur, à ré-
» parer les outrages qu'il reçoit, qui entre dans la
» douleur intérieure de son cœur, qui retrace les
» quatre âges de sa vie. Il veut que la règle soit un
» peu austère, afin d'imiter sa vie crucifiée ; mais il
» veut qu'on entre particulièrement dans le renonce-
» ment intérieur de son cœur. C'est pour cela qu'il
» ne se communique qu'intérieurement et qu'on souf-
» fre tant. Il me dit que je n'aurai plus les consolations

» qui accompagnent ordinairement les connaissances
» qu'il donne : c'est vous qui les aurez, et vous fini-
» rez aussi par avoir les connaissances. Les petites
» sociétés ne subsisteront pas longtemps. Plusieurs de
» leurs sujets viendront à nous. Nous aurons toujours
» une grande société, sous une autre forme, qui sera
» une espèce de tiers-ordre. »

Je pourrais pousser beaucoup plus loin les citations, mais ce léger aperçu suffit pour démontrer, supposé la vérité de ces révélations, que le Bon Père et la Bonne Mère ont reçu du ciel la mission de fonder la Congrégation des Sacrés Cœurs.

Ces communications extraordinaires n'ont rien qui doivent nous surprendre, quand on connaît la sainteté de celle à qui elles étaient faites. Depuis qu'elle s'était donnée entièrement à Dieu dans la prison de Poitiers, sa ferveur ne s'était pas démentie un instant, et toute sa vie est un prodige d'austérité. Pendant plus de trente ans elle n'a jamais pris de repos que sur un fauteuil, même au milieu des fatigues occasionnées par de longs et pénibles voyages, souvent entrepris dans l'intérêt du développement de l'œuvre. Ses veilles se prolongeaient bien avant dans la nuit, et, pendant plusieurs années elle passait, aux pieds du Saint Sacrement, depuis onze heures avant minuit jusqu'à deux heures du matin ; ce qui ne l'empêchait pas de donner à ses sœurs l'exemple de l'activité dans le travail, se réservant toujours les fardeaux les plus pesants. On ne conçoit pas comment, avec une complexion délicate, elle a pu se livrer à des pénitences qui eussent effrayé les anciens anachorètes. On l'a vue toute couverte d'instruments de mortifications, conserver la gaieté la plus franche et la plus aimable, dérobant ainsi aux regards humains d'héroïques vertus. Ainsi elle a porté longtemps des chemises faites de mailles de fer, armées de pointes ; des bracelets composés de la même manière ; des colliers de fer et des brodequins armés de pointes qui lui entraient dans la chair, en sorte qu'elle ne pouvait pas faire le moindre mouvement sans souffrir. Plusieurs maisons de la Congrégation fondée par sa coopération, et particulièrement celle de Poitiers, berceau de l'Institut, conservent comme de précieuses reliques ces instruments de pénitence.

Tant d'austérités dans la Bonne Mère n'avaient pas leur source dans une exagération naturelle. Voici ce qu'une personne, très capable de l'apprécier sous tous les rapports, nous dit de son caractère dans ses Mémoires, précieux monuments des premiers temps de la Congrégation des Sacrés Cœurs : « La Bonne Mère, » dit Mme Gabrielle de La Barre, avait la tête froide, » le jugement sain et juste, et une imagination » prompte, ce qui lui rendait la compréhension des » choses abstraites facile ; mais qui était dégagée de ce » tumulte d'idées, de ce goût pour le merveilleux, que » l'on reproche ordinairement aux femmes. Elle avait » une longue habitude de souffrir, sans chercher à » trouver des consolations dans les créatures. Son

» invincible opposition à découvrir les secrets de son
» âme avec Dieu, lui avait ménagée des peines ex-
» trêmes en ce genre. C'est dans les dispositions que
» je viens de dire, que la grâce la trouva, quand il
» lui fut ordonné de manifester les effets de la misé-
» ricorde de Dieu sur notre Institut. Elle n'a jamais
» rien vu par les yeux du corps. Tout se passait dans
» la partie supérieure de son âme, sans l'intermé-
» diaire des sens. Dieu se manifestait à elle d'une
» manière très simple. Il ne paraissait rien d'extraor-
» dinaire dans sa personne ; seulement elle restait,
» sans mouvement, dans la position où elle se trou-
» vait, soit à genoux, debout ou assise. Toutes les
» facultés de son âme et de son corps étaient suspen-
» dues. Elle voyait dans le sein même de la divinité
» les secrets du ciel et de la terre, et tout ce qu'il lui
» plaisait enfin de lui découvrir. »

Celle qui parle ainsi a été la confidente de la Bonne
Mère et son émule en sainteté.

CHAPITRE V.

Développement de l'Œuvre.

Les Juifs, à la vue de la faiblesse apparente du
christianisme naissant, conçurent un instant l'espérance de pouvoir l'étouffer dans son berceau. Un doc-

teur se levant au milieu de leur sanhedrin, s'écria :
Laissez faire. Si cette œuvre vient du Ciel, elle gran-
dira malgré vous ; si, au contraire, elle vient de
l'homme, ne vous inquiétez pas, elle tombera d'elle-
même. Cette argumentation peut s'appliquer à l'institut fondé par le Bon Père et par la Bonne Mère. Au
début tout paraît impossible, en voyant les choses hu-
mainement, et l'entreprise ressemble à une pieuse
folie. C'est pourquoi on a pu dire : Laissez faire.

En effet, un jeune prêtre de vingt-cinq ans, sans
ressources pécuniaires, sans autre recommandation
que celle d'écolier vertueux et de fervent séminariste,
une jeune personne de vingt-six ans, également sans
ressources pécuniaires, connue jusque là dans le
monde par sa beauté, son esprit, des talents agréa-
bles, plus faite, disait-on, pour briller dans le siècle
que pour contempler dans une communauté, se présentent pour poser les fondements d'une Congrégation. Ils jettent des bases larges, et se proposent de
porter l'édifice à la hauteur des anciens ordres religieux. Ils conçoivent ce projet à une époque où les
monastères, pillés ou démolis, annoncent la proscrip-
tion dont un gouvernement impie vient de les frapper.
Si une telle entreprise est purement humaine, elle
tombera d'elle-même, elle ne résistera jamais aux
épreuves terribles par lesquelles ses premiers développements doivent nécessairement passer : les temps
sont trop mauvais. Si donc, malgré tant d'obstacles
l'œuvre grandit, il faudra convenir que le Ciel l'a cou-

verte de sa protection, qu'il l'a suscitée, qu'il en est lui-même le véritable fondateur.

Or, les faits sont là pour attester que ce qui semblait folie était réellement une sagesse surhumaine, et ce qui paraissait impossible est aujourd'hui un fait accompli. Cependant cette œuvre, conçue au sein de la terreur, enfantée au milieu des ruines, a traversé de bien mauvais jours. Elle a parcouru, en se dérobant aux regards d'un pouvoir hostile, le Consulat et l'Empire; elle s'est montrée d'une manière timide sous une Restauration impuissante à faire le bien, pour se cacher de nouveau sous le Gouvernement de Juillet, froid adversaire de toute influence religieuse. Sur son chemin elle a recueilli, il est vrai, d'honorables et puissantes sympathies, mais elle a été cruellement déchirée par la calomnie des méchants, et, ce qui lui a été infiniment plus sensible, de saints personnages se sont laissés prévenir contre elle.

Malgré tant d'obstacles, en 1837, à la mort du vénérable fondateur, trois cent trente religieux avaient eu le bonheur de prononcer leurs vœux entre les mains du Bon Père, et un nombre cinq fois plus grand de religieuses s'étaient sanctifiées et continuaient à se sanctifier à l'ombre de la protection des Sacrés Cœurs de Jésus et de Marie. Des maisons florissantes, où régnait la plus grande simplicité, l'esprit de pauvreté et surtout la charité fraternelle, avaient été fondées sur tous les points de la France : à Paris, à Poitiers, à Mende, à Cahors, à Sarlat, à Laval, au Mans, à

Séez , à Mortagne, à Alençon , à Troyes, à Tours, à Sainte-Maure, à Rennes, à Rouen , à Yvetot, à Châteaudun, à Coussay-les-Bois, à Laverpillière. Les missions de l'Océanie solidement établies, deux grands séminaires confiés à la direction des prêtres de l'Institut, disaient assez combien le Souverain Pontife et les Évêques estimaient la nouvelle Congrégation. De nombreuses missions dans le diocèse de Troyes, un séminaire d'Irlandais longtemps florissant à Picpus, plusieurs colléges supprimés en vertu des ordonnances de 1828, avaient, malgré la pénurie de sujets, rendu de très grands services et laissé d'heureux souvenirs. Il faut donc reconnaître ici l'action de la Providence devant laquelle les difficultés sont tombées.

En deux mots, les révélations faites au Bon Père dans sa retraite de La Motte-d'Usseau, la manière toute merveilleuse avec laquelle la Congrégation s'est dégagée, par une action lente mais forte, d'une association moitié séculière, moitié religieuse, qui la tenait enveloppée et comme prisonnière, les communications célestes faites à la Bonne Mère, les progrès extraordinaires de la Société, malgré la faiblesse des ressources et la grandeur des obstacles, prouvent que les saints fondateurs ont reçu du Ciel la mission d'établir l'Institut.

Ont-ils accompli leur mission ?

DEUXIÈME PARTIE.

Les fondateurs, avant de mourir, ont-ils mis la dernière main à leur œuvre?

CHAPITRE PREMIER.

Constitutions et Règles commencées.

Lorsque, chez un peuple, vous voyez des hommes se réunir en assemblée constituante et dire : *faisons une constitution*, cette œuvre *à priori*, soyez-en sûr, ne tardera pas à disparaître. Le mode de gouvernement et les lois d'un pays doivent être dans les mœurs nationales avant de passer dans les chartes et dans les codes. Il en est de même des Sociétés religieuses, leurs constitutions et leurs règles sont d'abord pratiquées, on les écrit ensuite. Une Congrégation ne sort pas d'ordinaire des mains de Dieu, toute faite, sous forme de révélation ; autrement il n'y aurait pas d'oscillation dans ses mouvements ni d'hésitation dans sa marche. Elle accomplit son développement sous l'action d'une inspiration céleste, qui descend goutte à goutte dans l'âme des fondateurs ; elle s'avance d'essais en essais, cherchant à se fixer jusqu'à ce que son vaisseau ait rencontré le port et que ses pilotes lui aient dit : Il est temps de jeter l'ancre. — Tels ont été les commencements de la Société de Picpus. Avant 1817, elle vivait sans constitutions et sans règles définitivement arrêtées ; on était à l'époque des essais. Rien de plus glorieux que les premières pages de son histoire, qui nous retracent la vie surhumaine des vénérables fondateurs et de leurs disciples, au début de la carrière religieuse. Un saint enthousiasme, fruit d'une haute piété, produit sous l'empire de circonstances extraordinaires, leur fit embrasser des austérités capables d'effrayer notre délicatesse. On n'était pas encore sorti d'une révolution, qui entassait les crimes encore plus que les ruines, et la Congrégation naissante se sentait appelée d'en haut à l'œuvre de la réparation. Figurez-vous donc, en face de temples démolis ou profanés, d'autels renversés, d'échafauds encore fumants du sang des prêtres et de tous les désordres les plus capables d'enflammer le courroux de Dieu ; figurez-vous, dis-je, des réparateurs de tant d'impiétés et de sacriléges.

L'excès du mal devait naturellement provoquer, dans ces âmes généreuses, le noble excès de la pénitence.

On ne tarda pas à reconnaître l'impossibilité de conserver une telle sévérité. Elle ne pouvait s'appliquer à un ordre que la nature de sa vocation destinait à recevoir un grand nombre de sujets. Il fallait, sans abandonner l'esprit de pauvreté et de mortification, apporter des adoucissements à la rigidité primitive. De nombreuses modifications mirent les pratiques de la Congrégation à la portée des forces ordinaires. Alors les saints fondateurs rédigèrent des constitutions et des statuts s'élevant an nombre de cent-un articles, et les présentèrent à l'approbation du Souverain Pontife. — Tant qu'une Société religieuse n'a pas reçu cette consécration solennelle du Saint Siége, qui lui donne une existence légale et lui assigne une place spéciale dans l'Église de Jésus-Christ, elle est encore réduite à l'état de fondation purement humaine, exposée à périr comme tout ce qui vient de l'homme; le souffle de Rome fait passer en elle l'esprit de vie et lui garantit l'immortalité : il lui imprime le cachet des œuvres de Dieu, qui ne sauraient périr.

Sa Sainteté Pie VII, de glorieuse mémoire, répondit aux pieux désirs des fondateurs par une bulle, en date du 17 novembre 1817. Cette bulle fit sur moi, il y a dix ans, la plus vive impression. J'avais, jeune et sans expérience, suivi, par un entraînement aveugle, Mgr. Bonamie dans la voie des innovations. En 1845,

des renseignements me furent donnés. Je commençai
à me demander si j'étais dans le vrai. Quand on est
dans l'erreur, le plus difficile est de douter. Je doutai
donc et je m'efforçai d'arriver à la vérité en consul-
tant toutes les pièces authentiques que je pouvais me
procurer. Chaque nouveau document m'inclinait vers
les constitutions et les règles de nos fondateurs, aucun
ne fixait irrévocablement mes convictions. Enfin, la
bulle d'approbation me fut communiquée. Sa lecture
produisit dans mon esprit une lumière devant laquelle
toutes les obscurités s'évanouirent ; ma détermination,
dès ce moment, fut prise, et depuis je n'ai pas varié
un instant. Puisse cette même lecture opérer sur d'autres les mêmes effets, sans leur attirer les mêmes chagrins !

La traduction de cette bulle a été faite sous les
yeux du T. R. P. Coudrin et envoyée, par ses ordres,
dans toutes les maisons de l'Institut. Une de ces copies, signée de sa main, se trouve dans les archives
du collége de la Grand'Maison, à Poitiers, où j'ai pu
me la procurer.

BULLE DE SA SAINTETÉ PIE VII,

QUI APPROUVE LES CONSTITUTIONS ET STATUTS DE LA CONGRÉGATION DES SACRÉS COEURS DE JÉSUS ET DE MARIE ET DE L'ADORATION PERPÉTUELLE, EN DATE DU 17 NOVEMBRE 1817.

Pie, Évêque, serviteur des serviteurs de Dieu, pour en conserver le perpétuel souvenir.

Le Pasteur éternel qui, après avoir donné sa vie pour ses brebis, a revêtu Pierre de la plénitude de puissance, et lui a confié le soin de faire paître les brebis et les agneaux, Nous ayant placé dans ce haut rang, quelqu'indigne que Nous en soyons, exige de Nous que Nous consacrions toute la sollicitude de Notre cœur à diriger le troupeau du Seigneur dans les voies du salut. C'est pourquoi, non-seulement Nous Nous réjouissons beaucoup dans le Seigneur lorsque Nous rencontrons, surtout dans cette partie de son troupeau que le venin, venu du puits de l'abîme, a principalement infectée, des zélateurs de la maison de Dieu, qui font leurs délices de demeurer avec celui dont les délices sont d'habiter avec les enfants des hommes, et qui, châtiant leur corps et le réduisant en servitude, s'appliquent sans relâche à l'étude de la loi sans tache du Seigneur, pour convertir les âmes et inspirer la sagesse aux enfants; mais encore toutes

les fois qu'ils Nous présentent des règles, à l'aide desquelles ils se proposent d'observer ce genre de vie,
lorsque Nous voyons que ces règles, mises en pratique, sont propres à enseigner la justice et à en faire
remplir les devoirs, Nous Nous rendons, avec le plus
grand empressement, aux pieux désirs de ceux qui
recourent à Nous, et Nous fortifions ces règles par
Notre autorité et celle du Siége apostolique.

C'est pourquoi, Nos bien aimés Fils et Nos très chères
Filles, les Frères et Sœurs de la Congrégation établie
à Poitiers, comme on le verra bientôt, sous l'invoca-
tion des Sacrés Cœurs de Jésus et de Marie, et de
l'Adoration perpétuelle du Très Saint Sacrement de
l'Autel, Nous ayant fait exposer que cette Congrégation a été réunie et fondée dans ladite ville de Poitiers
par Joseph-Pierre Coudrin, prêtre, à l'époque où la
milice de l'enfer affligeait horriblement toute la
France, qu'elle comprend plusieurs fidèles, tant clercs
que prêtres séculiers et laïcs des deux sexes; que maintenant, avec la grâce de Dieu, elle s'est heureusement propagée et qu'elle a des établissements dans les
villes de Poitiers, Paris, Mende, Cahors, le Mans et
Séez, et dans la ville de Laval, au diocèse du Mans ;
que, comme on demande de nouvelles fondations de
cet Institut dans plusieurs parties du royaume de
France, on a l'espérance certaine dans le Seigneur
que cette Congrégation prospérera et s'augmentera
davantage ; qu'elle a été comblée de faveurs et de
grâces spéciales par Pie VI, Notre prédécesseur,

d'heureuse mémoire ; que ladite Congrégation, à laquelle Nous avons accordé Nous-même des indulgences pour trente ans, sous le titre et la dénomination de Confrérie des Saints Cœurs de Jésus et de Marie, a pour patron spécial saint Joseph, époux de la bienheureuse Vierge Marie, qu'elle vénère comme ses protecteurs particuliers saint Augustin, saint Dominique, saint Bernard et saint Pacôme, qu'elle se propose quatre objets très louables : le premier, d'élever gratuitement dans la crainte du Seigneur les enfants pauvres des deux sexes, de former les jeunes élèves du sanctuaire aux fonctions augustes du ministère sacré ; le deuxième, de réparer par l'adoration perpétuelle du Très Saint Sacrement le jour et la nuit, surtout dans les maisons des Sœurs, qui sont les plus nombreuses, les injures faites aux Sacrés Cœurs de Jésus et de Marie par les crimes énormes des pécheurs ; le troisième, de se consacrer à la prédication de l'Evangile et surtout aux saintes missions ; le quatrième, enfin, de mortifier la chair dans l'humilité de l'esprit, autant que le permet la faiblesse humaine ; que, de plus, les Frères et Sœurs de ladite Congrégation font des vœux perpétuels, mais simples, de chasteté, de pauvreté et d'obéissance ; qu'ils mènent de plus une vie commune sous la règle de saint Benoît et sous l'obéissance respective des ordinaires respectifs, du Supérieur général et de la Supérieure générale de ladite Congrégation désignée ainsi qu'il est dit ci-dessus, sous le titre de Confrérie, et aussi sous l'obéissance des Supérieurs locaux et des Supérieures locales, qui seront choisis et choisies selon la forme indiquée dans les constitutions et statuts dont la teneur suit ; les susdits Frères et Sœurs de ladite Congrégation, mus d'un très grand désir de maintenir et de propager un Institut si recommandable et si utile, et d'obtenir l'approbation et la confirmation des constitutions et statuts ci - dessous mentionnés, ayant résolu de Nous adresser et au Saint Siége apostolique, d'humbles prières à ce sujet ; Nous, ayant écouté favorablement leur supplique, avons d'abord renvoyé les susdites constitutions et statuts à l'examen de la Congrégation de Nos vénérables Frères les Cardinaux de la Sainte Eglise Romaine, chargés des affaires et consultations des Evêques et des Réguliers.

La Congrégation des Evêques et des Réguliers, ayant égard à la relation de Notre bien-aimé Fils, le Vicaire général canoniquement institué par Nos bien aimés Fils les Chapitre et Chanoines de l'Eglise métropolitaine de Paris, pendant la vacance de ce siége archiépiscopal ; ayant aussi égard au suffrage de Notre bien aimé Fils Jean-Philippe Scotti, cardinal-prêtre de la sainte Eglise romaine, du titre de Ste-Praxède, après un mûr examen, a prononcé que les conditions et statuts devaient être et seraient approuvés et confirmés, sous la condition toutefois que les décrets ou statuts qui seraient publiés de nouveau par les Chapitres généraux de la Congrégation des Sacrés Cœurs de Jésus et de Marie seraient soumis au jugement de ladite Congrégation des Evêques et des Réguliers, à l'effet d'en obtenir l'approbation et la confirmation nécessaires.

Or, telle est la teneur de ces constitutions et statuts.

(Ici se trouvent insérés cinquante-huit articles de constitutions et quarante-neuf articles de statuts formant les constitutions et statuts encore incomplets présentés à l'approbation du Saint Siége.)

Nous, en conséquence, d'après le rapport qui Nous a été fait de tout ce que dessus par Notre bien-aimé fils, le secrétaire de la Congrégation des Évêques et des Réguliers, faisant attention au bien spirituel que cette œuvre pieuse doit procurer à la chrétienté, voulant donner à la Congrégation des Sacrés Cœurs, désignée comme ci-dessus sous le nom de Confrérie, les moyens convenables pour qu'elle fleurisse chaque jour de plus en plus, pour la gloire de Dieu et pour le salut des âmes, qui ont besoin de soulagement après de si grandes secousses, de Notre propre mouvement et de la plénitude de la puissance apostolique , Nous approuvons et confirmons à perpétuité, en vertu des présentes, par l'autorité apostolique, les susdites constitutions et statuts, et Nous leur communiquons la puissance, la force et l'efficacité d'une solidité apostolique, perpétuelle, inviolable et irréfragable, et Nous suppléons, réparons, et même détruisons et abolissons entièrement et absolument tous les défauts de fait ou de droit, de solemnités, tous autres défauts, mêmes substantiels, et chacun en particulier, qui seraient survenus dans les susdites constitutions et statuts, soit à titre principal, soit à titre accessoire, soit de quelque autre manière que ce fût ou que l'on pourrait dire, penser, juger, ou prétendre y être survenus. Nous voulons de plus que les susdites constitutions et statuts aient et obtiennent leur plein et entier effet en tout et pour tout; Nous déclarons qu'ils doivent à l'avenir être observés et accomplis fermement, inviolablement et inébranlablement par les Frères et Sœurs de la Congrégation des Sacrés Cœurs, tant ceux qui existent que ceux qui existeront dans la suite, et par tous les autres que cela regarde actuellement ou regardera dans la suite, de quelque manière que ce soit; que les uns et les autres ne peuvent en aucun temps, sous quelque prétexte, et pour quelque cause ou occasion que ce soit, s'éloigner ou s'écarter de l'observation desdites constitutions et statuts que Nous avons approuvés et confirmés comme il est dit ci-dessus; qu'ils sont même tenus à perpétuité de les observer dans leur intégrité, en sorte que tout ce qui pourrait être fait, en quelque temps que ce soit, contre la forme, le contenu et la teneur des susdites constitutions et statuts approuvés et confimés par Nous, ainsi que contre la teneur des présentes, par les Frères et Sœurs de ladite Congrégation, soit ceux qui existent, soit ceux qui existeront dans la suite, et par quelque autre personne que ce soit, est absolument nul et invalide, et doit être considéré comme tel, soit actuellement, soit à l'avenir. De plus les présentes ne pourront, en aucun temps, et à quelque titre, et pour quelque cause que ce soit, quoique juridique et légitime, pieuse et privilégiée, et digne d'une remarque spéciale, être notées et attaquées du vice de subreption, ou d'obreption, ou de nullité, ou de défaut d'intention de Notre part, soit sous le prétexte que les motifs et les causes qui ont nécessité les présentes, n'ont pas été suffisamment déduites, vérifiées ou expliquées devant Nous ou ailleurs, soit sous le prétexte que ceux qui ont, ou qui prétendent avoir quelque intérêt dans la totalité ou partie du contenu des présentes, n'ont pas été appelés, cités ou entendus. Les présentes ne pourront également être considérées comme entachées de tout autre défaut, quelque grand, inattendu, substantiel et même très substantiel qu'on puisse le supposer, lors même qu'il exigerait une mention spéciale et expresse, lesdites présentes ne peuvent, sous tous ces prétextes être invalidées, révoquées en doute, rappelées aux règles et aux termes du droit. Nous voulons qu'on ne puisse obtenir contre les présentes, ni le droit de restitution dans l'entier état précédent, ni celui de réclamation verbale, ou tout autre moyen de fait, de droit ou de justice; et si l'on avait obtenu ou accordé de tels droits ou moyens, de quelque manière que ce soit, Nous défendons que personne puisse s'en aider ou s'en servir contre les présentes. Les présentes ne sont pas comprises dans les révocations, suspen-

sions, limitations de grâces semblables ou différentes,
ni dans les autres dispositions contraires qui se ren-
contreraient dans toutes lettres ou constitutions apostoliques, ou déjà publiées, ou qui seraient publiées
dans la suite ; mais elles en sont toujours exceptées,
et toutes les fois qu'il émanera de telles lettres ou constitutions du Siége apostolique, autant de fois les présentes demeureront et seront restituées, rétablies et
entièrement réintégrées dans leur ancien état de force
et de valeur, et sont et seront censées accordées sous
une date postérieure que choisiront à leur gré, soit les
Frères et Sœurs actuels de la susdite Congrégation, soit
les Frères et Sœurs qui existeront dans la suite, de telle
sorte qu'elles aient et obtiennent toujours leur plein et
entier effet. Nous ordonnons à tous juges ordinaires
ou délégués, quels que soient leur autorité, honneur,
priviléges et prérogatives, même auditeur des causes
du palais apostolique, cardinaux de la Sainte Eglise
Romaine, même légats *à latere*, vice-légats, nonce du
Saint Siége, de juger et de définir conformément aux
présentes et non autrement. Nous leur ôtons à tous
ensemble et à chacun en particulier, toute faculté de
juger et d'interpréter autrement. Si quelqu'un osait,
en connaissance de cause ou par ignorance, quelque
fût son autorité, entreprendre le contraire, Nous déclarons nul et invalide tout ce qu'il aurait fait. Nonobstant toutes les constitutions sinodales, provinciales,
même celles des Conciles généraux et universels, faites
et à faire, les règles et constitutions apostoliques, spé-

ciales ou générales, les statuts et coutumes de la Congrégation des Sacrés Cœurs, même confirmés par ser-
ment, revêtus de l'approbation apostolique, ou ayant
quelque autre force que ce soit ; ainsi que tous les
indultes, priviléges ou lettres apostoliques qui auraient
pu, de quelque manière que ce soit, être accordées,
approuvées, confirmées et renouvelées en faveur des
Frères et Sœurs de ladite Congrégation, contre la teneur des présentes ; auxquelles constitutions, statuts,
coutumes, priviléges, clauses, actes et droits quelconque, Nous dérogeons par ces présentes, et Nous voulons qu'il soit dérogé, quoiqu'elles n'aient pas été insérées ou spécifiées expressément dans les présentes,
quelque dignes qu'on les suppose d'une mention spéciale ou d'une forme particulière dans leur suppression.
Voulant, de Notre propre mouvement et pleine puissance, que les présentes aient la même force que si la
teneur des constitutions à supprimer, auxquelles nous
dérogeons, pour l'effet des présentes seulement, leur
conservant leur autorité et valeur pour tout le reste,
et celles des clauses spéciales, étaient nommément et
de mot à mot exprimées dans ces présentes, et qu'elles
obtiennent leur plein entier effet, nonobstant toutes
choses à ces contraires.

Par ces présentes, Nous établissons Notre vénérable
Frère l'archevêque de Paris exécuteur de Nos présentes
lettres apostoliques, seulement en ce qui concerne leur
exécution.

Donné à Rome, à Sainte-Marie-Majeure, l'an 1817

de l'Incarnation de Notre-Seigneur, le 15 des calendes de décembre, et la dix-huitième année de Notre Pontificat.

Lieu du plomb.   A., card. prod.

Nous, Supérieur-général de la Congrégation des Sacrés Cœurs de Jésus et de Marie et de l'Adoration perpétuelle du Très Saint Sacrement de l'autel, avons approuvé et approuvons la présente traduction de la bulle qui confirme les constitutions de Notre Congrégation, et nous déclarons que cette traduction est entièrement conforme au texte latin.

1ᵉʳ octobre 1819.

Signé : F.-M.-J. COUDRIN, supʳ-gˡ.

———

Après une approbation semblable, on se demande avec étonnement comment Picpus a pu songer à des changements. Si une volonté aussi fermement exprimée ne peut suffire pour arrêter l'inconstance, qui pourra jamais lui poser des bornes?

Cependant, il faut l'avouer, il restait encore quelque chose à faire : les constitutions et règles insérées dans la bulle étaient incomplètes; ont-elles été achevées du vivant des fondateurs? Veuillez me suivre dans les explications pleines d'aridités au milieu desquelles je suis forcé de vous entraîner.

———

CHAPITRE II.

Les Chapitres généraux de 1819 et de 1824 ont complété les constitutions et règles insérées dans la bulle de Pie VII.

Le Saint Siége, en approuvant les cinquante-huit articles de constitutions et les quarante-neuf articles de statuts présentés par les fondateurs à la sanction pontificale, prit soin de signaler, lui-même, les lacunes qui s'y rencontraient. Il chargea en même temps les Chapitres généraux de 1819 et de 1824 de remplir ces vides. Examinons donc : 1° quelles sont ces lacunes; 2° ce que les Chapitres susdits ont fait pour les combler; 3° si leur travail a été approuvé par Rome.

— — — — —

§ 1. *Lacunes signalées, dans les constitutions et statuts,*
par la bulle d'approbation.

Elles sont au nombre de quatorze.

N° 1. — L'article premier des constitutions est ainsi conçu : « Les Frères et les Sœurs sont gouvernés par » un Supérieur général de toute la Congrégation, et » par une Supérieure générale des Sœurs. L'un et l'au- » tre sont établis à vie, ou pour un temps déterminé, sui-

» vant que le *premier* Chapitre général le décidera. En
» attendant , le Supérieur général et la Supérieure
» générale actuels demeurent dans leur autorité jus-
» qu'à la convocation du *premier* Chapitre général. »

N° 2 — A l'article 25 des constitutions, on lit : « Le
» Chapitre général qui s'ouvrira le 1ᵉʳ septembre 1819
» réglera à *perpétuité* le mode de délibération des Cha-
» pitres généraux. »

N° 3. — Article 36 des constitutions : « Le prochain
» Chapitre de 1819 réglera *irrévocablement* tout ce qui
» n'aura pas été prévu par les présentes constitutions,
» relativement aux Chapitres généraux. »

N° 4. — Article 58 des constitutions : « Le Chapitre
» général de 1819, ou au plus tard celui de 1824 , dé-
» cidera tout ce qui concerne les maisons des Frères
» et des Sœurs qui pourront s'établir dans les pays
» étrangers, hérétiques ou infidèles, et surtout dans les
» missions hors d'Europe. »

N° 5. — L'article 9 des statuts est ainsi conçu : « Le
» prochain Chapitre de 1819 réglera le nombre des
» Frères ou des Sœurs nécessaire pour établir l'ado-
» ration perpétuelle dans les maisons de la Congréga-
» tion. »

N° 6. — Articles 11 et 13 des statuts : « Le Chapitre
» général de l'an 1819, ou au plus tard de l'an 1824,
» déterminera quel nombre de Frères ou de Sœurs est

» nécessaire, dans chaque maison, pour réciter publi-
» quement ou y chanter leurs offices respectifs. »

N° 7. — Article 19 des statuts : « Le Chapitre gé-
» néral de 1819 déterminera les prières qui [devront
» être acquittées à la mort de chaque Frère ou
» Sœur. »

N° 8. — Article 23 des statuts : « Dans le premier
» Chapitre général on déterminera, plus particulière-
» ment, ce qu'il faut observer dans la pratique du
» vœu de pauvreté. »

N° 9. — Article 25 des statuts : « Dans le premier
» Chapitre général on devra déterminer quelles mai-
» sons doivent être choisies pour le noviciat. Le même
» Chapitre décidera ce qu'il jugera convenable, quant
» aux maisons qui devront être érigées dans les pays
» hérétiques ou infidèles, et surtout dans les missions
» hors de l'Europe. »

N° 10. — Article 38 des statuts : « Les malheurs
» des temps n'ont pas permis encore d'adopter un
» costume uniforme. Le Chapitre général de l'an 1819,
» ou au plus tard celui de l'an 1824, déterminera ce
» qu'il conviendra d'établir à ce sujet. »

N° 11. — Article 39 des statuts : « Le Chapitre gé-
» néral de 1819 réglera aussi tout ce qui concerne
» l'infirmerie. »

N° 12. — Article 40 des statuts . « Le Chapitre gé-

» néral de 1819 déterminera également quelle devra
» être la nourriture des Frères et Sœurs de la Congré-
» gation ; il réglera définitivement les jeûnes de règle
» et tout ce qui concerne les autres pratiques de la
» mortification. »

N° 13. — Article 41 des statuts : « Le même Chapitre
» général réglera également les corrections dont on
» pourra punir les Frères et Sœurs coupables de fautes
» scandaleuses. Il déterminera si on peut renvoyer de
» la Congrégation les Frères qui, ce qu'à Dieu ne
» plaise, se montreraient incorrigibles. »

N° 14. — Article 49 des statuts : « Le Chapitre gé-
» néral de 1819 réglera les conditions nécessaires pour
» faire partie de l'association extérieure. »

Ainsi voilà quatorze lacunes signalées par le Saint-
Siége. Une fois ces vides remplis, on pourra dire :
L'œuvre est achevée ; il ne restera, aux Supérieurs et
aux Chapitres généraux, qu'à veiller à sa conservation.
De plus, le Chapitre de 1819 est spécialement chargé
de ce travail, et à son défaut, le Chapitre général de
1824. Voyons maintenant si ces deux Chapitres généraux ont accompli leur mission.

§ 2. *Les Chapitres généraux de 1819 et de 1824 ont comblé les vides signalés par la bulle de Pie VII.*

Les actes du Chapitre général de 1819, signés de tous les membres qui en faisaient partie, ont été déposés dans les six maisons suivantes : Poitiers, Mende, Cahors, Laval, le Mans et Rennes. Ceux du Chapitre général de 1824, également signés de tous les membres qui le composaient, ont été déposés dans les archives des maisons de Poitiers, de Mende, de Sarlat, de Tours, de Troyes et de Mortagne. Des copies authentiques de ces mêmes actes, signées par le Supérieur général et par tous les membres de son Conseil, doivent se trouver dans tous les autres établissements de l'Institut, dont la date de la fondation est antérieure à la tenue de ces Chapitres généraux.

Pour éviter des longueurs inutiles, je me contenterai de renvoyer le lecteur à ces actes, en lui indiquant les articles correspondants aux quatorze lacunes signalées par le Saint Siége.

N° 1. — *Du Supérieur général.* — Voyez les articles 21 à 24 des actes du Chapitre général de 1819, et les articles 1 à 4 des actes du Chapitre général de 1824.

N°˙ 2 et 3. — *Du Chapitre général.* — Voyez les articles 1 à 25 des actes du Chapitre général de 1819, et les articles 5, 6 et 7 des actes du Chapitre général de 1824.

N° 4. — *Du gouvernement des maisons, surtout à l'é-*
tranger. — Voyez les articles 65 à 79 des actes du
Chapitre général de 1819, et les articles 32 à 35 des
actes du Chapitre général de 1824.

N° 5. — *Adoration perpétuelle.* — Voyez l'article 99
des actes du Chapitre général de 1819.

N° 6. — *Récitation de l'office.* — Voyez les articles
17 à 20 des actes du Chapitre général de 1824.

N° 7. — *Prières pour les morts.* — Voyez les articles
111 à 119 des actes du Chapitre général de 1819, et
les articles 28 à 31 des actes du Chapitre général de
1824.

N° 8. — *Pratique de la pauvreté.* — Voyez les articles 52 à 64 des actes du Chapitre général de 1819.

N° 9. — *Du noviciat.* — Voyez les articles 26 à 51
des actes du Chapitre général de 1819, et les articles
8 à 15 des actes du Chapitre général de 1824.

N° 10. — *Costume religieux.* — Voyez les articles
139 à 145 des actes du Chapitre général de 1819.

N° 11. — *Infirmerie.* — Voyez les articles 139 à 145
des actes du Chapitre général de 1819.

N° 12. — *Nourriture et mortification.* — Voyez les
articles 101 et 102, 146 à 149 des actes du Chapitre
général de 1819, et l'article 27 des actes du Chapitre
général de 1824.

N° 13. — *Des corrections.* — Voyez les articles 120 à 138 des actes du Chapitre général de 1819.

N° 14. — *Association extérieure.* — Voyez l'article 160 des actes du Chapitre général de 1819, et l'article 36 des actes du Chapitre général de 1824.

Les Chapitres généraux de 1819 et 1824 ont donc rempli la tâche que le souverain Pontife, par la bulle d'approbation, leur avait assignée. Nous n'avons pas à nous demander ici comment ils l'ont remplie, la cour de Rome prononcera sur leur travail ; s'il est aprouvé, l'œuvre sera terminée.

§ 3. *Les constitutions, règles et statuts complétés par les Chapitres généraux de 1819 et 1824, ont été approuvés et confirmés par le Saint Siége apostolique.*

Le Chapitre général de 1819, conformément à l'article 58 des constitutions, ordonna qu'une copie de tous les réglements adoptés par lui, signée de tous ses membres et scellée du sceau de la Congrégation, serait envoyée à Rome pour être approuvée par le Siége apostolique. Cette décision fut exécutée ; mais la cour de Rome différa l'approbation demandée jusqu'à ce que le Chapitre général de 1824 eût lui-même terminé ses séances, afin de pouvoir renfermer, sous une approbation commune, les travaux des deux Chapitres qui étaient chargés, en commun, de compléter les constitutions et les règles.

Les membres du Chapitre général de 1824 , avant de se séparer, prirent les arrêtés suivants :

Art. 40. — « Le Chapitre général des Frères, con-
» sidérant que les constitutions et statuts approuvés
» par la bulle apostolique *cum plumbo*, en date du 17
» novembre 1817, sont incomplètes, et que ladite bulle
» renvoie aux Chapitres généraux de 1819 et de 1824
» la décision de plusieurs questions importantes ; con-
» sidérant d'ailleurs que, d'après les dispositions de
» ladite bulle, c'était surtout aux deux Chapitres de
» 1819 et 1824 qu'il était réservé de compléter les
» règles de la Congrégation ; considérant, enfin, qu'il
» est du plus grand intérêt pour tous les Frères qu'ils
» puissent voir d'un seul coup-d'œil toutes leurs obli-
» gations, en trouvant réunis ensemble les constitu-
» tions, règles et statuts ; a adopté et adopte les dispo-
» sitions suivantes : On réunira sous le titre de cons-
» titutions, règles et statuts des Frères de la Congré-
» gation des Sacrés Cœurs de Jésus et de Marie et de
» l'Adoration perpétuelle du Très Saint Sacrement de
» l'Autel : 1° tout ce qui concerne les Frères dans les
» constitutions et statuts approuvés par la bulle du 17
» novembre 1817 ; 2° tous les réglements du Chapitre
» général de 1819 ; 3° les réglements adoptés par le
» présent Chapitre général. »

Article 41. « Une copie des constitutions, règles et

» statuts, réunis en vertu des dispositions de l'article
» précédent, sera signée de tous les membres du Cha-
» pitre et envoyée à Rome pour obtenir l'approbation
» du Siége apostolique. »

Immédiatement après la clôture du Chapitre général
de 1824, le **T. R. P.** Coudrin envoya, dans toutes les
maisons de la Congrégation, une circulaire en date
du 30 septembre 1824, où se découvre clairement sa
pensée. Voici ses paroles : « Notre second Chapitre
» général vient de terminer ses opérations, nos bien-
» aimés Frères. Il s'est appliqué surtout à *mettre la*
» *dernière main* aux règles de notre Congrégation. Ces
» règles, *enfin complétées*, vont être incessamment en-
» voyées à Rome. La Divine Providence a sans doute
» permis que le Saint Siége eût différé, jusqu'à ce jour,
» d'approuver les réglements du premier Chapitre gé-
» néral, afin qu'on pût en même temps obtenir la con-
» firmation de toutes nos règles, désormais réunies et
» *invariablement fixées.* »

Pour remplir les intentions du Chapitre général, le
T. R. P. Coudrin s'empressa d'adresser à Sa Sainteté
Léon XII la supplique suivante. Il fit le voyage à
Rome pour la présenter lui-même.

« Très Saint Père,
» F. M. J. P. Coudrin, vicaire général de Troyes,
» Protonotaire apostolique, Supérieur général de la
» Congrégation des Sacrés Cœurs de Jésus et de Marie
» et de l'Adoration perpétuelle du Très Saint Sacre-

» ment de l'Autel, humblement prosterné aux pieds
» de Votre Sainteté, expose que les constitutions de
» cette Congrégation ont été approuvées et confirmées
» à perpétuité par une bulle *sub plumbo* de Pie VII, de
» glorieuse et sainte mémoire, bulle en date du 15
» avant les calendes de décembre de l'année 1817, et
» qui commence par ces mots : *Pastor æternas.* Ces
» constitutions exigeaient différentes explications *qui*
» *ont été enfin données* par les Chapitres généraux de
» 1819 et 1824...

» *Tout ce qui avait besoin de développement et*
» *d'explication a été réglé* dans les Chapitres généraux
» respectifs des Frères et des Sœurs, qui ont mis tous
» leurs soins et toute leur application à déterminer ce
» qui regardait le bien de la Congrégation. De plus,
» ils ont jugé qu'il était très utile de réunir ensemble
» ce qui avait déjà été approuvé par le Souverain Pon-
» tife, et ce qui avait été adopté dans les deux Cha-
» pitres généraux de 1819 et 1824, en sorte que les
» règles, *enfin complètes*, fussent en même temps mu-
» nies de l'approbation du Saint Siége apostolique, et
» confirmées par son autorité.

» L'exposant, cédant volontiers aux désirs des Frères
» et des Sœurs, supplie Votre Sainteté qu'elle daigne
» approuver et confirmer par l'autorité apostolique les
» constitutions, règles et statuts qui lui sont soumis
» de nouveau. »

D'après les termes de la circulaire du 20 septembre

et de la supplique, le vénérable fondateur regardait évidemment les constitutions, statuts et règles, qu'il présentait à l'approbation du Saint Siége, comme un travail fini, une œuvre entièrement terminée. En effet, selon ses expressions, les Chapitres généraux de 1819 et 1824 ont *enfin donné les différentes explications exigées par les constitutions ; tout ce qui avait besoin de développement et d'explication a été réglé par eux*, et les règles sont *enfin complètes*. Ils se sont *surtout appliqués à mettre la dernière main aux règles de notre Congrégation, qui seront désormais réunies et invariablement fixées*. Il faut donc avouer qu'en effet, ces constitutions et règles étaient un travail complet, ou bien il faut avoir le courage de dire que le saint fondateur n'a pas compris l'œuvre qu'il avait reçu mission d'établir.

Le Saint Siége répondit à la supplique par un décret en date du 19 août 1825, ainsi conçu :

« La Sacrée Congrégation des Éminentissimes et
» Révérendissimes Cardinaux de la Sainte Eglise Ro-
» maine, chargés des affaires et consultations des Evê-
» ques et des Réguliers, sur le rapport de l'Éminen-
» tissime Morozzo, rapporteur, après avoir ce qui
» devait être vu, considéré ce qui devait être consi-
» déré et avoir examiné mûrement la chose, approuve
» et confirme, suivant leur teneur, les décrets et sta-
» tuts adoptés dans les deux Chapitres généraux de
» 1819 et 1824 par les Frères et Sœurs de la Congréga-

— 63 —

» tion des Sacrés Cœurs de Jésus et de Marie, et de
» l'Adoration perpétuelle du Très Saint Sacrement de
» l'Autel, pour compléter (*) leurs constitutions et y
» ajouter les développements nécessaires, et elle
» charge le sous-secrétaire d'en faire le rapport à Sa
» Sainteté.

         » Rome, 19 août 1825.

» Et le sous-secrétaire soussigné, ayant fait à Sa
» Sainteté Léon XII le rapport de tout ce que dessus,
» dans l'audience du 26 du même mois et de la même
» année, Sa Sainteté a daigné approuver la décision
» de la Sacrée Congrégation et les corrections qu'elle
» avait proposées, même quant à la formule de la
» profession des vœux.

  « Rome, etc.

  » *Signé* BARTHÉLEMY, Cardinal ; PACCA, Préfet.
    Pierre ADINOLFI, Archiprêtre, Sous-
    Secrétaire. »

De toutes les pièces authentiques que je viens de
mettre sous les yeux du lecteur, résulte la preuve la
plus évidente que le fondateur a présenté les constitu-
tutions et règles de sa Congrégation, comme complétées, à l'approbation du Saint Siége, et que le Souverain Pontife les a par conséquent approuvées et confirmées comme telles.

(*) Remarquez ce terme *compléter* et ce qui suit.

TROISIÈME PARTIE.

Les constitutions et les règles des fondateurs ont-elles été essentiellement changées ?

CHAPITRE PREMIER.

Les changements sont préparés.

Nous voici arrivés au point capital de la question. Les amis de la règle nouvelle comprenant sans doute les dangers qu'il y aurait pour leur cause à s'avouer déserteurs des constitutions et des règles établies par les hommes de Dieu, se sont efforcés de se persuader et de persuader aux autres que la règle nouvelle n'était qu'une simple modification de l'ancienne, sans changements essentiels. Depuis 1838 jusqu'à ce jour, à mesure que les novices se sont présentés pour entrer dans la Société, on ne leur a pas tenu un autre langage. Aussi tous les jeunes profès en sont-ils persuadés comme d'une vérité hors de contestation. Cette confiance aveugle à la parole de leurs Supérieurs les honore; je n'ai eu aucune peine à avouer que, pendant les cinq premières années de ma vie religieuse, j'avais partagé cette persuasion irréfléchie.

Le T. R. P. Euthyme Rouchouze, Supérieur général actuel, dans une lettre en date du 8 janvier de la présente année, dit : Nous songeons à observer notre règle telle que le Saint Siége l'a adoptée avec *quelques modifications*; dans une autre lettre du 28 mars dernier, il me parle de l'esprit *prétendu* primitif et de la règle *prétendue ancienne*; et tout dernièrement, dans sa circulaire du mois de mai, il écrit que l'intention du Saint Siége est que la Congrégation soit une, tout en maintenant les *modifications* que son autorité suprême a cru devoir apporter à la règle des Frères et des Sœurs. Partout, en un mot, on parle de *modifications*, jamais de changements substantiels.

Continuons à invoquer le témoignage des faits.

Jusqu'à la mort des fondateurs, nuls changements ne purent être introduits dans les constitutions et règles de la Congrégation. Ils veillaient eux-mêmes à la conservation intacte d'un trésor aussi précieux. Cependant des essais d'innovation furent tentés plus d'une fois. L'esprit de changement avait commencé à poindre dès le Chapitre de 1824, il s'était fortifié pendant que le Frère Raphaël Bonamie, aujourd'hui Mgr. de Calcédoine, remplissait les fonctions de Prieur de la Maison principale, il se cacha pendant la disgrâce de ce dernier, mais il ne sortit pas de l'Institut avec lui, lorsqu'il alla prendre possession de l'archevêché de Smyrne. Le parti était formé, les plans étaient dressés, on n'attendait que la mort du R. P. Coudrin pour rappeler Mgr. Bonamie, et le mettre à la tête de ce qu'on appelait une réforme.

Les fondateurs n'ignoraient pas ces projets, et la prévision de l'avenir les a plus d'une fois effrayés. La Bonne Mère, sur la fin de sa vie, parlait clairement des troubles qui agiteraient la Société ; elle exhortait ceux qui l'entouraient à tenir ferme pour la règle, et elle ajoutait, avec un accent prophétique, de ne pas se décourager, car au moment où l'on croirait tout perdu, tout serait sauvé.

Le pieux fondateur, de son côté, annonçait les mêmes malheurs. Qu'il me soit permis de rapporter ici une petite anecdote que je dois aux épanchements trop courts de l'amitié. Un prêtre, distingué par ses talents et sa piété, ancien élève de Picpus, alla un jour visiter à Rouen le Bon Père, pour lequel il a toujours conservé la plus tendre affection et le dévouement le plus sincère. Celui-ci, de son côté, avait gardé pour son ancien élève, une tendresse toute paternelle. Après une conversation dont le cœur avait fait tous les frais, le vénérable fondateur, prenant avec affection les mains de cet excellent prêtre, lui dit : « J'ai toujours désiré vous voir des nôtres, est-ce que vous ne me donnerez pas cette consolation avant de mourir? » — Bon Père, s'écria aussitôt l'ecclésiastique, s'il ne faut que cela pour vous rendre heureux, je suis à votre disposition. — Est-ce bien vrai, mon enfant? — Très-vrai, et dès ce moment, je suis postulant, je serai novice quand il vous plaira. — Parlez-vous sérieusement, mon enfant? — Très-sérieusement, Bon Père. » — Alors le T. R. P. Coudrin devint tout à coup rêveur, il laissa tomber sa tête entre ses mains et se mit à réfléchir. Se relevant ensuite, il porta les yeux vers le Ciel en poussant un profond soupir, puis abaissant un regard plein de douceur sur son jeune ami, il lui dit : « Non, mon enfant, je ne le veux pas, vous seriez trop malheureux. *Au milieu de la grande tempête qui doit venir, que feriez-vous?* Encore une fois, vous seriez trop malheureux, je ne le veux pas; restez dans le monde. »

Dès que le saint fondateur eut quitté la terre, en 1837, la majorité des électeurs qui tenait pour la conservation du dépôt sacré des constitutions et règles, fit la faute à jamais regrettable de diviser ses suffrages, tandis que les amis des changements portèrent unanimement leurs votes sur Mgr. Bonamie, qui fut ainsi nommé par une majorité relative. Cette élection inspira des craintes sérieuses aux amis dévoués de l'œuvre des fondateurs, et excita l'enthousiasme de ceux qui désiraient des changements. Ces derniers sa-

luèrent l'avénement de Sa Grandeur par ce cri signi-
ficatif : *Maintenant tout va changer !*

C'est pour moi un besoin de cœur, en entamant une
discussion dans laquelle ma conscience me fait un
devoir de combattre les idées de Mgr. Bonamie, de manifester mes véritables sentiments à l'égard de Sa
Grandeur. Je suis l'adversaire de ses opinions et non
de sa personne. J'ai toujours conservé pour lui la plus
profonde vénération, et, s'il pouvait lire au fond de
mon âme, il y découvrirait encore la piété filiale que
je lui ai vouée au début de ma carrière religieuse ; je
n'oublierai jamais combien, à cette époque, il fut bon,
affectueux et paternel à l'égard de celui qu'il aimait
comme son enfant. La diversité des vues a pu jeter de
la froideur dans nos rapports ; mais j'ai toujours aimé
à me persuader que Sa Grandeur n'avait pas totalement oublié un passé plus heureux, dont la mémoire
me restera toujours présente.

Mgr. Bonamie, en possession de la charge de Supérieur général, commença par s'entourer d'un conseil
animé du même désir des changements. Il lui confia le
soin d'élaborer un projet de règle nouvelle, pour le
proposer à l'approbation du Chapitre général de 1838.
Ce travail fut terminé en quelques semaines. Je n'ai
point à examiner ce projet dont le Chapitre général
n'a tenu à peu près aucun compte. Je dois cependant,
dans l'intérêt de la vérité, faire observer que le conseil du Supérieur général n'avait lui-même tenu aucun
compte du passé dans ce travail, sorte de compilation

de ce que l'on avait jugé meilleur dans diverses constitutions, surtout dans celles des Jésuites.

Le Chapitre général, réuni au mois de septembre
de l'année 1838, renfermait trop d'éléments primitifs
pour que la tendance vers les nouveautés ne fût pas
modifiée dans son sein. Elle le fut en effet ; mais l'a-
vantage demeura aux amis des innovations : des changements considérables furent opérés, et non pas *quelques modifications*, comme le prétend le T. R. P. Rou-
chouse.

Arrivons aux preuves.

Il s'agit tout simplement de prendre en main les
deux règles et de les comparer.

Je les prends donc, et, même avant de les parcourir,
je me demande si le grand nombre de pages des constitutions et règles, telles qu'elles existent aujourd'hui,
ne renfermerait rien de plus que le petit nombre de
pages des constitutions et règles des fondateurs. Je
soupçonne déjà, à la simple inspection des deux livres,
qu'il doit exister autre chose que *quelques modifications.*

Mais ne soupçonnons pas légèrement ; voyons tout
d'abord le nombre des articles dont se compose l'une
et l'autre règle. Je découvre pour l'ancienne deux cent
soixante-six articles et pour la nouvelle quatre cent
quarante-sept. Mon soupçon se fortifie, et je me demande comment on a pu ajouter à une règle cent qua-
tre-vingt-un articles, sans opérer autre chose que *quelques modifications.* Cependant, ne nous hâtons pas de

prononcer, ne formons pas de jugement téméraire : on peut avoir le talent de dire peu de choses en beaucoup de mots.

Je lis donc les réglements du Chapitre général de 1838, tels qu'ils se trouvent dans les archives de la Congrégation et non *ailleurs*. Je suis tout d'abord arrêté par le début : « Le Chapitre général, considérant » qu'une longue expérience avait fait sentir les incon- » vénients de plusieurs points de la règle, *qui était en* » *vigueur jusqu'au présent Chapitre*, et qu'il a été néces- » saire d'y introduire des dispositions nouvelles et d'y » faire des *changements* considérables. »

Au bas de cette pièce, je trouve la signature de tous les membres du Chapitre de 1838, et j'y remarque en particulier celle du T. R. P. Supérieur général actuel, qui figure comme Maître des Novices.

Je n'aurais donc pas besoin d'aller plus loin, et je pourrais dire : De votre propre aveu, il y a deux règles bien distinctes. Si vous n'aviez considéré vos additions et vos changements que comme des modifications de la règle des fondateurs, vous eussiez dit : « Le Chapitre général considérant qu'une longue ex- » périence avait fait sentir les inconvénients de plu- » sieurs points de la règle », et vous n'eussiez jamais songé à ajouter ces mots : « *qui était en vigueur jus-* » *qu'au présent Chapitre.* » Avouez franchement qu'à l'époque où vous avez tracé ces lignes et où vous les avez signées, vous étiez persuadés que vous changiez la règle et que vous y introduisiez des *changements considérables*, pour me servir de vos propres termes. Depuis, vous avez réfléchi au péril d'un tel aveu, et vous avez changé de langage ; mais vos écrits sont là, et vos signatures demeurent comme témoins de votre pensée en 1838.

On dirait que la Providence m'aurait conduit à Poitiers tout exprès pour me mettre au courant de ces pièces authentiques. Lorsque je finissais de les transcrire, on m'a signifié mon renvoi.

Je ne veux pas m'en tenir à cet argument *ad hominem*, qui n'a de force que contre les membres du Chapitre général de 1838 ; je dois prouver, pour tous, la réalité de changements nombreux et essentiels apportés à la règle des fondateurs.

Avant d'entrer dans ces explications, nécessairement un peu longues, je veux réfuter une objection qui m'a été faite par un prêtre de l'Institut : Nos buts, me disait-il, sont demeurés les mêmes ; on n'a donc rien changé d'essentiel. Cette objection tombe d'elle-même, si l'on fait attention que la différence spécifique, en fait de sociétés religieuses, se trouve, non dans le but qui peut parfaitement être identique pour des ordres entièrement différents, mais bien dans leurs constitutions et règles ; en sorte que, là où il y a des constitutions et règles diverses, il y a aussi sociétés distinctes.

CHAPITRE II.

Changements dans les Constitutions.

Une société religieuse, comme toute espèce de société, peut être envisagée, ou dans son ensemble, ou dans les membres dont elle se compose. Les règles qui s'appliquent au corps de l'Institut, pour déterminer son mode de gouvernement et tout ce qui tient à son administration, se nomment constitutions ; celles qui fixent les obligations de chaque religieux conservent le nom de règles. Les constitutions sont donc au corps ce que les règles, proprement dites, sont à l'individu ; en sorte qu'on peut dire : les constitutions sont les règles de la communauté, et les règles sont les constitutions du religieux. Ceci posé, on doit admettre la suprématie des constitutions sur les règles, de manière que toucher aux constitutions c'est toucher à la partie la plus essentielle.

Or, la partie constitutive a été précisément la plus bouleversée par les changements opérés par le Chapitre général de 1838.

Les constitutions d'une société quelconque se rattachent particulièrement à trois chefs : 1° régler ce qui regarde la première autorité de cette société ; 2° déterminer la part qui doit être faite aux assemblées qui participent au gouvernement ; 3° assigner la place et les droits de chaque membre dans l'économie générale. Or sur tous ces points la règle a été changée.

----

§ 1er. *La règle des fondateurs a été changée substantiellement en ce qui concerne l'autorité première de la Congrégation, ou le Supérieur général.*

Au sujet du Supérieur général, trois questions essentielles se présentent : 1° Qui sera élu ? 2° qui aura le droit de l'élire ? 3° quels seront ses pouvoirs une fois élu ? A ces trois questions laissons aux deux règles le soin de répondre : nous verrons si elles sont d'accord. Remarquez, avant tout, qu'il ne s'agit pas de savoir laquelle des deux offre la meilleure solution à ces trois questions. Ne déplaçons pas la discussion. Je ne constate qu'une seule chose, présentement, c'est le désaccord des deux règles ; nous discuterons le reste plus tard, s'il est nécessaire.

I. — QUI SERA ÉLU ?

Réponse de la Règle ancienne.	Réponse de la Règle nouvelle.
Il (le Supérieur général) est choisi parmi les Frères qui ont fait leurs vœux, et qui ont déjà exercé, d'une	Sont seuls éligibles pour la charge de Supérieur général : 1° le Vicaire nommé par le Supérieur géné-

Règle ancienne.	Règle nouvelle.
manière louable, quelqu'une des charges suivantes : celle de Supérieur local, de Prieur, de Maître de Novices et de Frère procureur, soit de la maison principale, soit des autres maisons de la Congrégation, ou celle de Vicaire général nommé par le Supérieur général. Toute autre élection est de droit nulle et invalide.	ral décédé ; 2° les Pères qui ont quarante ans accomplis d'âge et dix ans accomplis de profession. Toute autre élection est déclarée nulle de droit et de fait.

Voilà un grand nombre d'éligibles sous la règle ancienne, qui n'auront pas les conditions d'âge voulues par la règle nouvelle ; et d'un autre côté, sous la règle nouvelle, j'en trouve un grand nombre qui sont éligibles à raison de leur âge, qui seraient exclus par la règle ancienne, où l'on demande d'autres conditions que celle de l'âge. Ainsi, des élections peuvent amener des résultats bien différents, selon que l'on emploiera le mode ancien ou le mode nouveau.

Donc, premier changement très substantiel.

II. — QUI SERA ÉLECTEUR ?

R. — Régle ancienne.

Sont seuls admis à voter pour l'élection du Supérieur général : 1° les Supérieurs locaux ; 2° ceux des Frères missionnaires, professeurs ou Frères de chœur, résidant, au moment de l'élection, dans la maison principale, qui ont cinq ans accomplis de profession et en même temps qui sont âgés de trente ans accomplis.

R. — Régle nouvelle.

Sont électeurs de droit pour la nomination du Supérieur général : 1° le Vicaire nommé par le Supérieur général défunt ou par le Chapitre général ; 2° tous les membres du Conseil de la maison principale actuellement en exercice ; 3° tous ceux qui. d'après les articles des § 2 et 3 du chapitre III, sont membres du Chapitre général ; car l'élection du T. R. P. Supérieur général étant une des plus importantes affaires de la Congrégation, il est établi qu'elle se fera toujours en Chapitre, et, en conséquence, par tous ceux qui ont droit d'y assister.

Pour comprendre le changement opéré par cet article, il faut connaître la composition du Chapitre général, de qui doit dépendre l'élection du nouveau

Supérieur général. Or, nous verrons plus loin qu'il est formé : 1° des membres du Conseil de la maison principale ; 2° d'un petit nombre de Supérieurs locaux, savoir : un par section ; or, une section se compose de cinq maisons au moins ; 3° de délégués des sections, à raison d'un délégué sur cinq prêtres. Ces délégués jouent donc le principal rôle dans les Chapitres généraux, et, conséquemment, dans les élections d'un Supérieur général, élection qui doit se faire en Chapitre, d'après l'article cité ci-dessus. Maintenant, comparant les deux réponses données par les deux règles, je vois plusieurs électeurs dans la règle ancienne qui perdent ce droit dans la règle nouvelle, savoir : la plupart des Supérieurs locaux, puisqu'il n'en reste plus qu'un de droit par section ; tous les Frères missionnaires et professeurs habitant la maison principale, s'ils ne sont pas du conseil, et tous les Frères de chœur sans exception ; en revanche, un très grand nombre qui n'étaient pas électeurs selon le mode ancien, le deviennent d'après la règle nouvelle, savoir : tous les membres du Conseil qui n'auraient pas l'âge prescrit par la règle ancienne, le Vicaire général nommé par le Supérieur général ou par le Chapitre général, et tous les délégués des différentes sections, c'est-à-dire la majeure partie des électeurs.

L'élection, selon qu'elle aura lieu avec le mode ancien ou avec le nouveau, pourra donc donner un résultat tout différent.

Donc, deuxième changement très substantiel.

III. — LES DROITS DE L'ÉLU.

Ces droits s'exerçant surtout conjointement avec le Conseil et le Chapitre général, nous passons immédiatement à ce paragraphe, où cette question recevra sa solution.

———————

§ 2. — *La règle nouvelle a changé les rapports des assemblées, qui participent au gouvernement, avec l'autorité première.*

Ces assemblées sont au nombre de deux : l'une ordinaire et permanente, c'est le Conseil de la maison principale ; l'autre extraordinaire et qui se dissout après chaque opération, ce sont les Chapitres généraux. Examinons séparément ce qui concerne ces deux assemblées.

I. — CONSEIL DE LA MAISON PRINCIPALE.

Règle ancienne.	Règle nouvelle.
Pour remplir les devoirs de sa charge, le Supérieur général a un Conseil composé du Prieur de la maison principale, du Maître des Novices, du Frère Pro-	Pour remplir les devoirs de sa charge, le Supérieur général a un Conseil composé de cinq membres, savoir : le Prieur, le Maître des Novices, le Procureur

cureur, du Frère le plus ancien de profession parmi les missionnaires, du Frère le plus ancien de profession parmi les professeurs, et de trois autres Frères profès au choix du Supérieur général. Tous ces conseillers sont choisis parmi ceux qui résident dans la maison principale de la Congrégation, ou qui y sont appelés par le Supérieur général.

Le Frère Prieur et le Maître des Novices de la maison principale sont nommés par le Supérieur général et révocables à sa volonté.

et deux autres Pères profès.

Les conseillers du Supérieur général sont choisis par le Chapitre général. L'élection se renouvelle ensuite dans le Chapitre ordinaire tous les cinq ans.

Si un membre du Conseil donne sa démission ou vient à mourir, le Supérieur général a droit, après avoir pris l'avis des autres membres du Conseil, de lui donner un remplaçant jusqu'au prochain Chapitre général; mais le Supérieur général ne peut déposer aucun membre de son conseil qu'après avoir mûrement pesé la chose avec les autres conseillers.

Aucun parent ou allié du Supérieur général, jusqu'au second degré inclusivement, ne peut être ni

<table>
<tr><td>Règle ancienne.</td><td>Règle nouvelle.</td></tr>
</table>

Prieur, ni Maître des Novices, ni Procureur, ni même simple membre du Conseil de la maison principale.

Jamais deux profès, parents ou alliés jusqu'au second degré, ne peuvent faire partie du Conseil d'une même maison, tant de la maison principale que des maisons locales.

Dans le premier mode de la composition du Conseil, le Supérieur général est tout : c'est lui qui choisit tous les membres, et les Chapitres généraux ne sont rien. — Dans le second mode, les Chapitres généraux sont tout : ils choisissent tout le Conseil, et le Supérieur général n'est rien.

Donc, troisième changement très substantiel.

De plus, certains membres qui avaient droit, d'après l'ancienne règle, à être incorporés dans le Conseil à titre d'ancienneté, perdent ce droit avec la nouvelle.

Donc, quatrième changement très substantiel.

En outre, d'autres membres sont exclus à titre de parenté, par la règle nouvelle, qui n'étaient pas exclus par l'ancienne.

Donc, cinquième changement très substantiel.

Enfin, le Prieur et le Maître des Novices, qui occupent les premières places dans le Conseil, étaient révocables à la volonté du Supérieur général : ce qui n'a pas lieu dans la nouvelle règle.

Donc, sixième changement très substantiel.

II. — DU CHAPITRE GÉNÉRAL.

Les Chapitres généraux, dans le gouvernement d'une Congrégation, jouent quelquefois le premier rôle, mais au moins le second. La partie des constitutions où l'on détermine leur composition et leurs droits, acquiert, par cela même, la plus haute importance.

Toutes les Sociétés, même politiques, ont leurs Chapitres généraux qui, sous les noms de Sénat, de Chambre des pairs, de Chambre des députés, de Corps législatif, etc., entrent pour une large part dans l'administration générale. Ces assemblées se partagent en deux classes : les unes sont une émanation du pouvoir, les autres du sujet. Les premières forment, avec le chef suprême de la Société, un tout homogène : il les réunit autour de sa personne pour s'éclairer de leurs lumières et fortifier son autorité par l'appui de leur concours; les secondes, émanées du sujet, arrivent autour du pouvoir avec la double mission de lui prêter leur concours dans une certaine mesure, et de servir de contrepoids à son autorité, dont l'absolutisme effraie. Ces dernières assemblées s'exagérant leur mission, sont presque toujours tombées dans le système des oppositions, signes avant-coureurs des catastrophes appelées Révolutions.

Sous la règle de nos fondateurs, la Congrégation était une monarchie absolue, et les Chapitres généraux formaient un Sénat : sous la règle nouvelle, le régime est devenu constitutionnel, et les Chapitres généraux ont pris le caractère de Chambre des députés. Ce changement, à lui seul, suffirait pour justifier la dénomination de règle nouvelle. En effet, une nation qui, de monarchie pure est devenue monarchie constitutionnelle, a évidemment changé de constitution. Passons aux preuves de cette transition, en confrontant la composition des Chapitres généraux dans les deux règles.

COMPOSITION DES CHAPITRES GÉNÉRAUX.

Règle ancienne.	Règle nouvelle.
CHAP. II.	Art. 76. — Le Chapitre
Art. 1ᵉʳ. — Tous les cinq ans, au plus tard, il se tiendra, dans la maison principale des Frères de	se compose : 1° du Vicaire général désigné par le Supérieur général ou par le Chapitre général ;

<table>
<tr><td>Règle ancienne.</td><td>Règle nouvelle.</td></tr>
</table>

la Congrégation, un Chapitre général composé du Supérieur général, de tous les membres de son Conseil et de tous les Supérieurs locaux des maisons d'hommes. Le Supérieur général pourra y appeler d'autres Frères, pourvu que leur nombre n'excède pas le tiers des Supérieurs ayant droit d'assister au Chapitre général.

2° de tous les membres du Conseil de la maison principale ; 3° d'un certain nombre de Supérieurs locaux et de délégués, comme il va être dit dans les articles suivants.

ART. 77. — Tous les cinq ans, le Chapitre général partagera toutes les maisons de la Congrégation en plusieurs sections ; chaque section devra contenir au moins cinq maisons.

ART. 80. — Est de droit membre du Chapitre, un Supérieur local par chaque section.

ART. 84. — Sont encore membres du Chapitre ceux que les Pères des diverses sections enverront au Chapitre en qualité de délégués.

ART. 84. Les Pères de chaque section auront le droit d'envoyer un cer-

Règle ancienne.

Règle nouvelle.

tain nombre de délégués, choisis dans leur section, pour les représenter au Chapitre, en raison d'un délégué sur cinq prêtres.

ART. 82. — Lorsqu'une maison fondée hors d'Europe ne pourra, à raison de son éloignement, faire partie d'aucune section, le Supérieur de cette maison est de droit membre du Chapitre général.

ART. 83. — Est encore de droit membre du Chapitre général le Père provincial de chaque mission étrangère.

ART. 96. — Le Supérieur général pourra appeler à tous les Chapitres, tant ordinaires qu'extraordinaires, un certain nombre de Pères à son choix, pourvu que ce nombre n'excède pas le cinquième de tous ceux qui doivent composer le Chapitre.

Ici nous rencontrons presque autant de changements substantiels, et très substantiels, que de propositions.

Disons d'abord qu'en suivant le mode ancien, le Supérieur général nomme directement ou indirectement tous les membres du Chapitre. En effet, il a désigné lui-même les membres de son Conseil, il a nommé les Supérieurs locaux, et il choisit encore un tiers d'autres membres. Au contraire, en suivant le second mode, cette nomination lui échappe. En effet, 1° le Conseil n'est plus à sa nomination ; 2° quatre Supérieurs locaux au moins, sur cinq, sont remplacés par des délégués des Pères des sections, et, à la place du tiers laissé à son choix, par l'ancienne règle, on ne lui donne plus qu'un cinquième.

Donc, septième changement très substantiel, par rapport aux droits du Supérieur général.

Non-seulement les droits du Supérieur général sont changés, mais encore ceux des autres membres de la Congrégation. Ainsi, d'après la règle ancienne, tous les Supérieurs locaux étaient de droit membres du Chapitre ; d'après la règle nouvelle, il n'en reste plus qu'un par section, et les sections se composent au moins de cinq maisons chacune.

Donc, huitième changement très substantiel.

Les Pères de la Congrégation n'avaient aucun droit d'être représentés au Chapitre général, d'après la règle ancienne ; sous la règle nouvelle, ils jouissent de ce droit extrêmement important, et ils peuvent envoyer un délégué sur cinq prêtres dans chaque section. Voilà donc un nouveau droit, des plus considérables, conféré par la règle nouvelle.

Donc, neuvième changement très substantiel.

---

§ II. — *Membres de la Congrégation.*

I. — CLASSIFICATION.

Règle ancienne.	Règle nouvelle.
La Congrégation est composée de Frères Missionnaires, de Frères Professeurs, de Frères de chœur, de Frères convers et de Frères donnés.	Il y a dans la Congrégation trois classes fixes : celle des prêtres qui portent seuls, après leur profession, le nom de Révérend Pères, celle des Frères de chœur et celle des Frères convers.
Les Frères Missionnaires et les Frères Professeurs sont placés dans la même classe ou dans le même rang.	

Cette modification n'est pas sans importance.

Donc, dixième changement.

II. — DROITS DES FRÈRES DE CHOEUR.

Règle ancienne.	Règle nouvelle.
Sont seuls admis à voter pour l'élection du Supérieur général..... ceux des Frères de chœur résidant au moment de l'élection dans la maison principale, qui ont cinq ans accomplis de profession et en même temps qui sont âgés de trente ans accomplis.	

Ce droit leur est refusé par la Règle nouvelle.

Donc, onzième changement substantiel.

III.

Règle ancienne.	Règle nouvelle.
Les Frères de chœur sont spécialement consacrés à la récitation publique de l'office divin, et à l'adoration perpétuelle du Très Saint Sacrement.	Les fonctions ordinaires des Frères de chœur sont : la récitation journalière de l'office canonial, l'adoration perpétuelle du Très Saint Sacrement, et la tenue des écoles gratuites. Durant les intervalles libres, ils sont employés aux travaux manuels suivant leurs moyens et leurs forces

Cette obligation de se soumettre aux travaux manuels constitue un changement notable, pour cette classe de la Congrégation.

Donc, douzième changement substantiel.

IV.

Régle ancienne.	**Régle nouvelle.**

Régle ancienne.

Le Supérieur général peut, à son gré, faire passer, dans la classe des Missionnaires ou des Professeurs, un Frère qui aura fait ses vœux en qualité de Frère de chœur.

Régle nouvelle.

Les Frères de chœur, soit qu'ils aient prononcé leurs vœux en cette qualité, soit qu'ils aient été ensuite rangés dans cette classe, ne peuvent jamais être promus au sacerdoce. Cependant, lorsqu'un Frère le mérite, et que les besoins des maisons le demandent, le Supérieur général a le pouvoir, avec l'assentiment de la majorité de son Conseil, et du Supérieur de la maison où se trouve ce Frère, de dispenser de cette règle; pourvu que l'on soit assuré, par une expérience de plusieurs années, de la science et des autres dis-

<table>
<tr><td>Règle ancienne.</td><td>Règle nouvelle.</td></tr>
<tr><td></td><td>positions du sujet, et que l'on ait pu sûrement reconnaître que sa promotion au sacerdoce tournera évidemment au bien de la Congrégation.</td></tr>
</table>

Cet article de la règle nouvelle enlève au Supérieur général et aux Frères de chœur un droit que leur accordait la règle ancienne.

Donc, treizième changement substantiel, et même très substantiel.

V.

<table>
<tr><td>Règle ancienne.</td><td>Règle nouvelle.</td></tr>
<tr><td>Les Frères profès, soit Missionnaires, soit Professeurs, soit *Frères de chœur*, ne pourront avoir voix délibérative, soit pour l'admission des Novices à la profession, soit dans tout autre cas, qu'après cinq ans révolus de profession.</td><td>Nul, s'il n'est prêtre, ne peut avoir ni voix active, ni voix passive. Conséquemment il ne peut donner son suffrage en aucun cas, ni être revêtu d'aucune charge qui supposerait ce droit.</td></tr>
</table>

Voilà toute une classe privée d'un droit, soit dans l'admission des Novices, soit dans la nomination des

Supérieurs généraux, ce qui constitue un changement des plus considérables.

Donc, quatorzième changement très substantiel.

———

Nous avons passé en revue les constitutions, dans tout ce qu'elles renferment de plus important, et nous les avons vues essentiellement changées dans tous les points de quelque valeur. La nomination à vie du Supérieur général est peut-être le seul point substantiel auquel on n'ait pas touché. On a conservé beaucoup d'articles de détails, on en a changé d'autres ; on a fait de nombreuses additions ; mais on doit attacher peu d'importance à ces détails : ce qui doit fixer notre attention, ce sont les points culminants. Ce qu'il importe le plus dans des constitutions, c'est de savoir qui est éligible à la charge de Supérieur général, qui est électeur, comment se compose le Conseil de ce Supérieur, comment sont composés les Chapitres généraux. Voilà la source de l'autorité ; c'est le point de départ de tout le bien comme de tout le mal qui s'opérera dans une société. Or, nous avons constaté que, sous tous ces rapports, les deux règles sont complétement différentes : les conditions d'éligibilité dans l'une, ne sont pas les conditions d'éligibilité dans l'autre ; les électeurs, selon la règle ancienne, ne sont pas les électeurs, selon la règle nouvelle ; le Conseil est une émanation permanente des Chapitres généraux dans la nouvelle règle ; dans l'ancienne, au contraire, c'est une création du Supérieur général ; les Chapitres généraux sont un sénat, une chambre des pairs, dans la règle des fondateurs ; c'est une chambre de députés, une assemblée législative, d'après le mode nouveau. Les droits du Supérieur général sont amoindris, sur plusieurs points, par la nouvelle règle ; les Supérieurs locaux perdent aussi les leurs, surtout en ce qui concerne les Chapitres généraux ; mais ce sont surtout les Frères de chœur, dont la condition est complètement changée, ils descendent presque à la condition de Frères convers. Le droit de suffrages leur est enlevé, le travail manuel leur est imposé. Peut-on dire que les constitutions sont substantiellement les mêmes, et appeler tous ces changements quelques modifications ?

CHAPITRE III.

Changements dans les Règles.

Les règles d'une Société, s'appliquant à l'homme privé, ont moins d'importance que les constitutions ; néanmoins nous devons tenir compte des innovations qui s'y sont introduites et en signaler quelques-unes.

I.

Le vœu de pauvreté a un caractère de perpétuité dans la règle ancienne, qui disparaît dans la règle nouvelle. Ainsi, sous les constitutions des fondateurs, le Frère qui sortait de l'Institut n'était pas, par le fait même de sa sortie, délié de ce vœu ; sous les constitutions actuelles, il n'en est pas de même, puisque l'article 244 dit : « En vertu de ses vœux, chaque » profès s'engage à vivre dans la pauvreté, *tant qu'il* » *demeurera dans la Congrégation.* » Remarquez bien : *Tant qu'il demeurera dans la Congrégation,* mais pas au-delà.

Donc, quatorzième changement substantiel.

II.

Le Chapitre de coulpe est, dans une communauté, un des grands moyens, et même le moyen le plus universel mis à la disposition des Supérieurs, pour réprimer les abus et maintenir la régularité. C'est pourquoi toucher à cette partie de la règle, c'est porter atteinte à un point fondamental.

CHAPITRE DE COULPE.

Règle ancienne.	Règle nouvelle.
Il y aura, au moins, deux Chapitres de coulpe par semaine.	Il y aura un Chapitre de coulpe par semaine.

Donc, quinzième changement substantiel

Régle ancienne.

Les Frères convers assistent au Chapitre de coulpe avec les Frères de chœur.

Régle nouvelle.

Dans le Chapitre de coulpe des profès, les prêtres feront d'abord leur coulpe, à laquelle les autres Frères n'assisteront pas. Quand les prêtres auront fini leur coulpe, on introduira les Frères aspirants au sacerdoce et les Frères de chœur qui feront leur coulpe à leur tour. On introduira ensuite les Frères convers, qui feront leur coulpe les derniers.

Donc, seizième changement essentiel. Substitution d'un nouveau système à celui de famille, qui fait la base de la règle ancienne.

Régle ancienne.

Les Frères présents pourront et devront proclamer, en esprit de charité, celui qui, en faisant sa coulpe, aurait oublié quelque faute extérieure contre la règle.

Régle nouvelle.

Si celui qui fait sa coulpe avait oublié quelque faute extérieure contre la règle, on exhorte les Frères à en avertir secrètement le Supérieur dans un esprit de charité,

Régle ancienne.

Régle nouvelle.

et le Supérieur, s'il le juge convenable, reprendra avec douceur, dans le Chapitre, le Frère coupable, en prenant d'ailleurs toutes les précautions pour qu'on ne puisse soupçonner, en aucune manière, celui qui lui a donné cet avis.

Donc, dix-septième changement essentiel diminuant toujours l'esprit de famille, détruisant un grand moyen de perfection.

III. — DES CORRECTIONS.

Régle ancienne.

Régle nouvelle.

Lorsque le Supérieur général jugera que la conduite d'un Frère profès quelconque est tellement coupable, qu'il ne peut rester dans la Congrégation, sans les plus grands inconvénients, et que, d'un autre côté, il est avantageux, pour éviter un plus grand scandale,

Lorsque le Supérieur général jugera que la conduite d'un profès quelconque est tellement coupable qu'il ne peut rester dans la Congrégation, sans les plus graves inconvénients, après avoir invoqué les lumières de l'Esprit-Saint, il demandera

Règle ancienne.	Règle nouvelle,
de cacher la conduite de ce Frère, alors le Supérieur général, après avoir invoqué les lumières de l'Esprit-Saint, demandera l'avis de son Conseil, dans la maison principale, pour pouvoir renvoyer de la Congrégation le Frère coupable.	l'avis de son Conseil ; et si trois membres sur cinq et quatre sur six s'accordent avec le sentiment du Supérieur général, le Frère coupable, sera renvoyé de la Congrégation.

Donc, dix-huitième changement très important.

Règle ancienne.	Règle nouvelle.
Si ce qu'à Dieu ne plaise, un **Frère** profès venait à quitter la Congrégation, que, touché de repentir, il demandât ensuite à rentrer, et que le Supérieur général, avec son Conseil, crût devoir lui accorder cette grâce, ce Frère n'aurait de rang d'ancienneté qu'à dater du jour où il serait rentré dans la Congrégation.	Si ce qu'à Dieu ne plaise, un Profès venait à quitter la Congrégation, et que, touché de repentir, il demandât ensuite à rentrer, le Supérieur général, avec son Conseil, jugerait ce qui conviendrait le mieux pour la gloire de Dieu, les intérêts de la Congrégation et le salut de ce Frère.

Donc, dix-neuvième changement très important.

IV. — DES EXERCICES DE PIÉTÉ.

Règle ancienne.	Règle nouvelle.
Chaque Frère fera une demi-heure d'oraison par jour.	Chaque Frère fera une heure d'oraison par jour.

Donc, vingtième changement très substantiel.

Règle ancienne.	Règle nouvelle.
Tous les Frères qui savent lire réciteront tous les jours les petits offices des Sacrés Cœurs de Jésus et de Marie. Les Frères qui ne savent pas lire doivent réciter, à la place de l'office, un chapelet.	A l'exception des Frères convers, tous les membres de la Congrégation, qui ne sont pas dans les ordres sacrés, réciteront tous les jours les petits offices des Sacrés Cœurs de Jésus et de Marie. Les Frères convers doivent réciter, à la place des petits offices, un chapelet.

Donc, vingt-unième changement très substantiel. La récitation de ces petits offices entrant directement dans le but de l'ordre, sa quasi-suppression devient un changement très considérable.

V. — COSTUME RELIGIEUX.

Règle ancienne.	Règle nouvelle.
C'est un principe établi	C'est un principe établi

Règle ancienne.	Règle nouvelle.
que tous les Frères profès, Frères de chœur, Missionnaires ou Professeurs, portent la soutane blanche, le manteau blanc, le cordon blanc, le scapulaire des Sacrés Cœurs, le chapeau ecclésiastique.	que tous les Profès, à l'exception des Frères convers, porteront la soutane blanche, une pélerine de couleur blanche, le manteau blanc, le cordon blanc, le scapulaire des Sacrés Cœurs, le chapeau ecclésiastique.

Donc, vingt-deuxième changement. L'addition d'une pélerine est plus importante qu'on ne croit : il y a une pensée renfermée dans cette addition, et ce n'est pas celle du maintien de la simplicité et de l'esprit de pauvreté.

Règle ancienne.	Règle nouvelle.
C'est au Supérieur général à décider l'époque où l'on prendra l'habit religieux.	L'habit religieux ne pourra être pris en France que lorsqu'il aura été décidé en Chapitre général que le moment est venu d'adopter cette mesure.

Donc, vingt-troisième changement très important, en ce qu'il montre la répugnance que les amis de la nouvelle règle ont pour l'habit religieux.

Règle ancienne.	Règle nouvelle.
Lorsqu'on prendra la couleur blanche, on décidera la forme de l'habit des Frères convers.	Lorsqu'on prendra la couleur blanche, on décidera la forme et la couleur de l'habit des Frères convers.

Donc, vingt-quatrième changement très important, par l'esprit qui l'a dicté, celui de séparer de plus en plus les Frères convers du reste de la famille, même par la couleur de leur habit.

VI. — PRIÈRES POUR LES MORTS.

Règle ancienne.	Règle nouvelle.
Lorsque le Supérieur général viendra à mourir, on fera, dans toutes les maisons, un service pour le repos de son âme... et celui des trois premiers anniversaires... Tous les prêtres diront chacun dix messes, et les Frères non prêtres feront chacun dix communions.	Lorsque le Supérieur général viendra à mourir, on fera, dans toutes les maisons, un service pour le repos de son âme... et celui des quatre premiers anniversaires. Tous les prêtres diront chacun six messes. Les Frères feront chacun six communions.
Lorsque la Supérieure générale des Sœurs viendra à mourir... la messe	Lorsque la Supérieure générale des Sœurs viendra à mourir... la messe

de communauté, pendant cinq jours, sera offerte à son intention. Tous les prêtres diront chacun cinq messes et les Frères non prêtres feront chacun cinq communions.

Lorsqu'un Frère prêtre qui a exercé les fonctions de Supérieur viendra à mourir... chaque Frère prêtre des maisons dont il aura été Supérieur dira pour lui dix messes, et chaque Frère non prêtre fera dix communions. Dans toutes les autres maisons, tous les prêtres diront chacun deux messes et les Frères non prêtres feront chacun deux communion.

Lorsqu'une Sœur qui a exercé les fonctions de Supérieure viendra à mourir... chaque Frère prêtre des maisons dont elle aura

de communauté, pendant trois jours, sera offerte à son intention. Tous les prêtres diront chacun trois messes et les Frères feront chacun trois communions.

Lorsqu'un Père qui a exercé les fonctions de Supérieur local viendra à mourir... chaque prêtre des maisons dont il aura été Supérieur dira pour lui quatre messes, chaque Frère fera quatre communions. Dans toutes les autres maisons on dira quatre messes, et les Frères feront chacun deux communions.

Lorsqu'une Sœur qui a exercé les fonctions de Supérieure viendra à mourir... chaque prêtre des maisons dont elle aura été

Régle ancienne.

été Supérieure dira pour elle cinq messes ; chaque Frère non prêtre fera cinq communions. Dans toutes les autres maisons, tous les Frères prêtres diront chacun une messe, et les Frères non prêtres feront chacun une communion.

Lorsqu'un Frère prêtre qui n'aura pas été Supérieur viendra à mourir, on dira pour lui trente messes dans la maison où il sera décédé, tous les Frères de cette maison feront chacun deux communions. Dans les autres maisons, on dira pour lui quatre messes, et quatre Frères feront chacun une communion à son intention.

Lorsqu'un Frère non prêtre viendra à mourir, on dira pour lui quinze messes dans la maison où il sera décédé. Tous les

Régle nouvelle.

Supérieure dira deux messes, chaque Frère fera deux communions. Dans toutes les autres maisons, on dira deux messes, et tous les Frères feront chacun une communion.

Lorsqu'un prêtre qui n'aura pas été Supérieur viendra à mourir, on dira pour lui vingt messes dans la maison où il sera décédé... Dans chacune des autres maisons, on dira pour lui trois messes.

Lorsqu'un Frère non prêtre viendra à mourir, on dira pour lui dix messes dans la maison où il sera décédé. Tous les Frères de

Régle ancienne.

Frères non prêtres feront chacun une communion.

Lorsqu'une Sœur viendra à mourir, on dira pour elle quinze messes dans la maison où elle sera décédée...

Si un Frère Novice ou Donné vient à mourir, on dira pour lui dix messes dans la maison où il sera décédé, et chaque Frère Profès où Novice de la même maison fera deux communions.

Régle nouvelle.

la même maison feront pour lui chacun une communion. Dans chacune des autres maisons, on dira pour lui une messe et deux Frères feront chacun une communion.

Lorsqu'une Sœur viendra à mourir, on dira pour elle dix messes dans la maison où elle sera décédée. Tous les Frères de la même maison feront pour elle une communion. Dans chacune des autres maisons, on dira pour elle une messe, et deux Frères feront pour elle chacun une communion.

Si un Frère vient à mourir, on dira pour lui cinq messes dans la maison où il sera décédé...

Règle ancienne.	Règle nouvelle.
Si une Sœur Novice ou Donnée vient à mourir, on dira pour elle dix messes dans la maison où elle sera décédée, et chaque Sœur Professe ou Novice de la même maison fera deux communions.	Si une Sœur Novice vient à mourir, on dira pour elle cinq messes. Si un Donné ou une Donnée vient à mourir, chaque Supérieur réglera le nombre de messes qu'il devra dire et les autres prières qui devront être faites.

Voilà près d'une trentaine de changements importants dans les règles, sans compter les nombreuses additions et modifications. Comment, après cela, soutenir que l'on possède encore la règle des fondateurs, à *quelques modifications près?*

Quand une nation arbore un nouveau drapeau et prend de nouvelles armes, c'est un signe incontestable qu'elle a changé ses constitutions. Les Sociétés religieuses ont aussi leur drapeau et leurs armes, emblêmes de leur vocation. La Bonne Mère, dans une de ses communications avec le Ciel, avait reçu le modèle des Sacrés Cœurs, tels qu'ils doivent être représentés dans l'Institut ; c'est-à-dire le Cœur de Jésus occupant la droite et reposant sur celui de Marie. A la place de ce cachet, *propre* à notre Congrégation, on a, dans la nouvelle règle, adopté l'emblême *commun*, où le Cœur de Marie occupe la droite, en arrière de celui de Jésus. Ils ont osé traiter de rêverie la communication faite à la Bonne Mère, et plusieurs sont allés jusqu'à voir dans cet emblême presque une hérésie.

On a donc tout changé, constitutions, règles, et jusqu'aux sceaux de l'Institut.

Il existe donc réellement deux règles, et la distinction entre règle ancienne et règle nouvelle n'est pas chimérique.

Examinons maintenant s'il est raisonnable de vouloir revenir aux constitutions et règles des fondateurs.

QUATRIÈME PARTIE.

Est-il raisonnable de vouloir revenir à la Règle des fondateurs?

En 1846, un Supérieur local, dans un mémoire approuvé par le T. R. P. Supérieur général, représentait la règle des fondateurs comme *étant loin d'être bonne ; fourmillant d'incohérences, de non-sens et de contradictions ; renfermant des défectuosités si claires et si choquantes, qu'elles avaient frappé immédiatement tous les esprits ; un triste amalgame que Léon XII approuva faute de mieux.* Ce langage m'a semblé, non-seulement une insulte grave à la mémoire du Bon Père et des Chapitres généraux de 1819 et de 1824, mais encore un outrage envers le Saint Siége.

Je me garderai bien d'imiter cet exemple. Pénétré

de vénération pour tout ce qui a reçu la sanction de Rome, je dirai sincèrement : la règle nouvelle est bonne ; elle ne renferme ni incohérences, ni non-sens, ni contradictions ; elle n'offre aucune défectuosité choquante ; elle forme un tout digne d'être approuvé, autrement Sa Sainteté Grégoire XVI, d'heureuse mémoire, ne l'eût jamais revêtue de la sanction pontificale.

Cependant, entre deux constitutions bonnes, il nous est permis de préférer l'une à l'autre, et d'énoncer les motifs de notre préférence.

PREMIER MOTIF DE NOTRE PRÉFÉRENCE
POUR LA RÈGLE ANCIENNE.

Nous croyons trouver dans la vie du Bon Père et de la Bonne Mère des signes évidents d'une mission providentielle pour la fondation de notre Congrégation. J'en ai touché quelque chose dans la première partie de ce travail, et j'espère pouvoir y revenir bientôt, en publiant leur biographie. Or, s'ils ont été suscités de Dieu pour fonder notre Institut, les constitutions et règles qu'ils nous ont laissées, revêtues de l'approbation solennelle de Sa Sainteté Pie VII, de glorieuse mémoire, et confirmées comme *complètes* par un décret de Sa Sainteté Léon XII, doivent être regardées comme ayant été les règles et constitutions voulues par le Ciel pour notre Société. Si donc, Dieu a voulu ces règles et constitutions du temps de nos fondateurs, est-il croyable que ces desseins aient changé depuis? Nous comprenons, jusqu'à un certain point, qu'un tel changement devienne nécessaire lorsqu'après plusieurs siècles d'existence, une Société se trouve placée dans des conditions toutes différentes de sa fondation, en sorte que le maintien de sa règle tournerait au détriment des âmes. Mais nous n'en sommes pas là. Nous sommes contemporains de nos fondateurs, et le milieu, dans lequel nous vivons, est le même que celui dans lequel ils ont vécu eux-mêmes. Nous ne pouvons donc pas songer à changer les règles des fondateurs, sans révoquer en doute l'authenticité de leur mission pour la fondation de notre Institut.

DEUXIÈME MOTIF DE PRÉFÉRER LA RÈGLE ANCIENNE.

Nos vénérables fondateurs qui, je le répète, nous offrent tous les caractères d'une mission providentielle, ont combattu pendant toute leur vie contre les innovations que l'on essayait déjà d'introduire. En 1829, le Bon Père arrivant de Rome où il avait accompagné, en qualité de conclaviste, Son Eminence le cardinal prince de Croï, archevêque de **Rouen**, trouva plusieurs des membres du Chapitre général de la Congrégation réunis à **Paris**, dans la maison-mère, attendant son retour pour ouvrir leurs séances. Il apprit qu'un bon nombre, ayant à leur tête le frère Raphaël Bonamie, Prieur, se proposaient de réclamer des changements dans les règles. Alors, usant de l'autorité que lui donnait sa qualité de fondateur, il dispersa tous les membres du Chapitre général. Il a dit et répété que : « Tant qu'il vivrait, il ne serait pas touché aux constitutions. » Au mois de mars suivant, il retira au frère Raphaël sa charge de Prieur, et, pour l'éloigner du centre de la Congrégation, il le désigna, plus tard, au choix du Souverain Pontife pour le siége de Babylone, et le pressa vivement de partir à plusieurs reprises espérant que le chef disparaissant, tout serait fini.

TROISIÈME MOTIF DE PRÉFÉRER LA RÈGLE ANCIENNE.

Indépendamment du caractère surhumain que nous reconnaissons dans les vénérables fondateurs, nous avons la plus grande confiance en leurs lumières, même au point de vue purement naturel.

On s'est plu depuis bien longtemps, dans la Congrégation de Picpus, à déprécier les talents du Bon Père;

on en a fait une intelligence fort ordinaire, un caractère faible, qui se laissait dominer par la Bonne Mère.
J'ai, tout récemment encore, eu à gémir en entendant
un jeune Père, attaché de bonne foi aux idées nouvelles, parler dans les termes les plus inconvenants des
fondateurs, au milieu d'un cercle de religieux qui ne
trouvaient pas dans leur cœur une parole de respect
à lui opposer.

La vérité est que le Bon Père avait une intelligence
peu commune. Ses succès dans ses humanités, la distinction avec laquelle il passa ses examens au grand
séminaire de Poitiers, en sont déjà une preuve ; mais
son âme a pu se montrer et briller sur un plus vaste
théâtre. S'il a été un homme ordinaire, comme on
cherche à le faire croire, comment, à l'âge de trente-
quatre ans, était-il devenu vicaire général de Mende,
jouissant de toute la confiance de Mgr. de Chabot ?
Comment, à trente-huit ans, le trouvons-nous nommé
vicaire général de Séez par Mgr. de Boischollet ?
Comment, un peu plus tard, est-il vicaire général de
Troyes, puis vicaire général de Rouen ? Comment,
dans toutes ses positions, s'est-il concilié l'estime, l'affection, la confiance illimitée de tant de prélats qui
semblaient se disputer la possession de sa personne !
S'il a été si ordinaire, comment, à l'âge de 33 ans, prê-
chait-il à Paris, dans l'église St-Roch, des stations qui
attiraient autour de la chaire évangélique un immense
auditoire, de manière qu'on abandonnait les orateurs
de l'époque pour aller l'écouter ? Comment le choisis-

sait-on pour prêcher, le 30 décembre 1804, dans la même église, devant l'immortel Pie VII, en présence de sept à huit mille auditeurs, parmi lesquels on comptait l'élite de la haute société? Une personne capable d'apprécier son mérite, écrivait quelques jours après : « Je » puis vous dire que l'enthousiasme a été général : » grands, petits, ecclésiastiques, militaires, sénateurs, » ambassadeurs, tous enfin disaient : Mon Dieu, le beau » sermon ! » Ce sont là des faits qui parlent bien haut en faveur du talent.

Quant au caractère, ce qui dominait en lui, c'était la bonté ; mais elle n'a jamais dégénéré en faiblesse. Non, il n'avait pas un caractère faible, celui qui s'avançait au sacerdoce à l'époque où l'orage révolutionnaire grondait le plus fort ; celui qui, à Coussay, bravait la persécution ; celui qui, pendant les plus mauvais jours, exposait continuellement sa vie dans l'exercice d'un ministère proscrit : il ne fallait pas un caractère faible pour suumonter les obstacles sans nombre, dont les premiers développements de l'Ordre étaient environnés ; il fallait du courage pour résister aux injonctions injustes du gouvernement, lorsqu'il était vicaire général de Mende : il lui a fallu une énergie héroïque de volonté pour s'élever au-dessus des injustices dont il a été l'objet, et demeurer toujours calme et modéré. S'il s'est montré si disposé à suivre les pensées de la Bonne Mère, c'est qu'il avait reconnu en elle, par une longue expérience, des lumières extraordinaires ; il ne doutait pas qu'elle ne fut réellement favorisée de commu-

nications surnaturelles. Il a déclaré, plus d'une fois,
que jamais il ne s'était repenti d'avoir suivi ses
conseils, qu'il s'était toujours mal trouvé de les avoir
négligés.

***

QUATRIÈME MOTIF DE PRÉFÉRER LA RÈGLE
ANCIENNE.

Une règle de fondateur est la seule qui donne des
garanties de stabilité ; car s'il y a une multitude de
Supérieurs généraux qui se succèdent, avec une entière égalité de pouvoirs, il ne saurait y avoir qu'un
fondateur, être à part, personnage privilégié, attirant
sur lui les regards de l'avenir, et devenant un centre
commun pour tous les temps, un point de ralliement
pour tous les esprits. Sortez de ce principe, vous ou-
vrez la porte à toutes les révolutions : un Supérieur
général démolit ce qu'un autre a édifié, jusqu'à ce que,
de changements en changements, on arrive à une ca-
tastrophe ou à la réforme.

La force de cet argument n'a pas échappé aux amis
de la nouvelle règle. Pendant plusieurs années, ils
n'ont jamais manqué d'omettre dans la lecture commune cette page de Rodriguez : « Les sociétés reli-
» gieuses ne sont point de l'invention des hommes:
» elles sont l'effet d'une disposition particulière de la

» Providence divine ; de sorte que les choses qui ont
» été instituées , soit pour la conservation, soit pour
» l'accroissement de ces sociétés, doivent être regar-
» dées, non pas comme des inventions humaines et
» des projets de quelque particulier , mais comme des
» projets et des inventions de Dieu. De même donc que
» Dieu a choisi saint François, saint Dominique, saint
» Ignace et les autres saints, pour être fondateurs des
» ordres qu'ils ont institués ; de même il leur a
» inspiré les moyens dont ils se sont servis pour les
» établir. »

Je comprends que l'on éprouve de la répugnance à
lire ces lignes, quand on a changé les constitutions et
les règles du Bon Père , mais poursuivons ·

« Mais je ne prétends , direz-vous, que la réforme
» de la religion. Vous vous trompez , et le démon ,
» comme père du mensonge, vous aveugle d'un pré-
» texte faux et spécieux. Ce n'est pas là vouloir la
» réforme de la Compagnie , c'est en vouloir la des-
» truction et la ruine : et, que l'on remarque bien ce
» que je dis, car ce n'est point une exagération, mais
» une vérité très claire et très infaillible. On réforme
» une religion (remarquez ceci) lorsque, s'étant dé-
» mentie de sa première institution, on tâche de la
» remettre dans la pureté de son principe et d'y faire
» observer les règles que son fondateur y a laissées
» (je ne cherche pas autre chose'. Cette manière est
» louable et sainte, et a été pratiquée avec succès
» dans plusieurs religions qui ont été ainsi rétablies

» dans l'innocence et dans la sévérite de leur croyance.
» Mais vouloir changer l'ancien Institut; vouloir quitter
» la route que notre fondateur, étant inspiré de Dieu,
» nous a enseignée, et vouloir en prendre une diffé-
» rente : ce n'est plus vouloir réformer la religion,
» c'est vouloir la détruire et la renverser ; c'est vou-
» loir sur ses débris en bâtir une autre à votre mode
» et à votre fantaisie. »

CINQUIÈME MOTIF DE PRÉFÉRER LA RÈGLE

ANCIENNE.

N. S. J.-C., dans l'Évangile, nous dit de juger un
arbre par ses fruits. D'après ce principe, il est facile
de reconnaître, dans notre Institut, l'arbre béni. Jusqu'en 1837, époque de la mort du vénérable fondateur, la Congrégation nous offre des souvenirs bien
édifiants. Quel esprit de mortification, surtout dans les
premiers temps ! quelle simplicité ! quel amour de
la sainte pauvreté ! On faisait le bien avec zèle ; mais
l'humilité s'efforçait de le dérober aux regards : on ne
craignait rien tant que l'éclat, et le Bon Père s'étu-
diait à demeurer avec ses enfants spirituels dans l'obscurité. Il s'exhalait de la communauté une bonne
odeur de charité fraternelle qui attirait tous ceux qui
étaient mis en rapport avec la Société. Aussi comp-

tait-on des amis dévoués. S'il y eut uu léger malaise, dans les dernières années de la vie du Bon Père, c'est que déjà, comme je l'ai dit, un commencement de fermentation se manifestait au fond de la Congrégation en faveur des changements opérés plus tard.

A l'apparition de la nouvelle règle, le règne de la paix a cessé, les discussions se sont échauffées, les froissements ont eu lieu, la charité s'est refroidie. L'autorité, mêlée à ces débats, a perdu sa dignité. On s'est efforcé de quitter *l'ornière* dans laquelle on prétendait que la Congrégation marchait pendant la vie du Bon Père, et on a vu surgir ceux qui se sont intitulés la *Jeune France:* ce nom dit tout. On a voulu briller, et Dieu, qui ne veut pas qu'on sorte de l'oubli autrement que par ses ordres, s'en est vengé en refoulant l'Institut un degré au-dessous de l'obscurité. On a construit de beaux édifices, on a remplacé la pauvre cellule par de vastes chambres, le confortable a été en progressant ; mais Dieu, voulant maintenir, à quelque prix que ce fût, la sainte pauvreté au milieu de nous, a permis que nos possessions soient allées, les unes à la suite des autres, s'engloutir dans des banqueroutes ou des procès ruineux. Que d'autres y voient une épreuve, je ne peux m'empêcher d'y voir un châtiment.

SIXIÈME MOTIF DE PRÉFÉRER LA RÈGLE

ANCIENNE.

Il faudrait être bien présomptueux pour oser prononcer, d'une manière absolue, sur le mérite et la valeur intrinsèque des constitutions et règles d'une Société religieuse. Cependant je peux, sans témérité, exprimer pourquoi la règle ancienne, considérée en elle-même, me paraît préférable à la nouvelle. Voici mes raisons :

1° Le principe d'hérédité du pouvoir, source de force et de stabilité, se trouve consacré par l'ancienne règle, autant qu'il peut recevoir son application dans une Congrégation. En effet, l'élection d'un nouveau Supérieur général s'y fait par tous les Supérieurs locaux et par quelques membres de la maison principale. Or, tous ces Supérieurs locaux tiennent leurs pouvoirs du Supérieur général défunt, et tous les membres présents dans la maison principale y ont été appelés ou au moins conservés par lui. Il est donc moralement certain que le successeur désigné par de tels électeurs, marchera sur les traces de son prédécesseur, que son gouvernement sera la continuation du précédent, et l'on évitera le grand danger des secousses.

D'après le mode nouveau, l'élection se fait par les

députés de la Congrégation. Je crains qu'un **parti** ne se forme, en opposition avec le Supérieur général, et que, dégénérant en cabale, il ne se donne rendez-vous à la mort de ce Supérieur général, pour tâcher de le remplacer par un de leurs partisants. S'ils réussissent, voilà une nouvelle révolution dans la Société ; s'ils ne réussissent pas, voilà une opposition organisée obligeant le pouvoir à compter avec elle.

2° Je préfère le Conseil nommé par le Supérieur général, selon la règle ancienne, au Conseil imposé par le Chapitre général, selon la règle nouvelle. Avec le premier mode, il y a union et force dans l'autorité, et l'opposition systématique est impossible ; dans le second mode, le pouvoir me semble toujours menacé d'être entravé dans sa marche par un conseil trop indépendant, au sein duquel peut s'allumer, d'un instant à l'autre, un foyer de résistance. Dans une communauté, je redoute toujours moins le despotisme que la faiblesse dans les Supérieurs majeurs.

3° **Les Chapitres généraux** composés des dignitaires de la Société me paraît bien préférable à une députation.

Avec le mode ancien, nous obtenons un sénat, imposant par le caractère, l'âge et l'expérience, une assemblée en parfaite harmonie avec le Supérieur général, et l'opposition systématique ne saurait jamais s'y manifester. Avec le mode nouveau, je crains de voir arriver en majorité les avocats de l'Institut, c'est-à-dire, les professeurs, les prédicateurs, les imaginations bouillantes, qui se présenteront, comme à la tribune avec des harangues à grand effet, pour emporter d'assaut des propositions faites dans un esprit de parti. Je redoute une opposition d'abord faible, mais grossissant avec le temps et faisant, tous les cinq ans, le périodique essai de ses forces, jusqu'à ce que, prenant le dessus, elle ait emprisonné le pouvoir dans un conseil de son choix.

4° Je préfère le système de famille, qui caractérise l'ancienne règle, au système administratif adopté par la nouvelle règle. J'aime à me représenter le Supérieur général à la tête de notre Congrégation, comme un père au milieu de ses enfants, les traitant tous indistinctement avec bonté, ne transformant personne en laquais, ni pour son service, ni pour le service des autres; j'aime à voir les prêtres considérés comme les aînés de la famille, ne rechercher d'autre distinction que celle qui découle nécessairement de la dignité sacerdotale, mais heureux d'être confondus avec leurs frères partout où l'égalité peut avoir lieu; j'aime à voir les Frères convers sentir qu'ils ne sont ni des domestiques, ni des frères déshérités, mais qu'ils sont des membres bien aimés de la famille religieuse, à laquelle ils doivent rendre, par dévouement, les services que, dans le monde, on rend pour de l'argent. Cet esprit de famille a existé longtemps dans toute sa pureté, sous le Bon Père : il a diminué quand l'esprit administratif a fermenté sur la fin de la vie du vénérable fondateur; il a disparu depuis sa mort, et vous en chercheriez vainement des traces dans plusieurs maisons.

Ces motifs, et tant d'autres que je passe sous silence, suffisent pour légitimer le désir de revenir aux constitutions et règles anciennes.

CINQUIÈME PARTIE.

Comment revenir à la Règle des fondateurs.

Jusqu'ici la question a été posée de manière à ne pouvoir amener de solution. Les amis de la règle nouvelle, comptant sur la puissance du nombre et sur l'autorité dont ils sont en possession, ont pensé pouvoir, avec le temps, anéantir la minorité qui réclame en faveur des constitutions primitives. Ce système a été suivi pendant l'administration de Sa Grandeur, Mgr. l'archevêque de Calcédoine et le Très Révérend Père Supérieur général actuel, marchant sur ses traces, poursuit absolument le même but. La minorité de son côté, faible par le nombre, mais forte de ses principes, s'est longtemps imaginée pouvoir obtenir

du Saint Siége un décret qui obligeât la Congrégation entière, à rentrer dans ses anciennes constitutions. Elle s'abusait. Comment, en effet, pourrait-on
forcer un nombre aussi considérable de religieux à
revenir à une règle contre laquelle ils ont conçu des
préventions, surtout lorsqu'on fait attention que la
plupart ont fait leurs vœux depuis l'apparition des
changements ?

Maintenant que dix-huit ans de luttes sans résultat,
ont dissipé bien des illusions, on comprend l'impossibilité de l'absortion d'un parti par l'autre, et l'on
convient généralement qu'il faut nécessairement opter
entre la guerre sans fin et la séparation.

La lutte sans fin, c'est l'affaiblissement progressif
de l'autorité avec toutes ses conséquences. C'est surtout l'anéantissement de la charité fraternelle. Comment, en effet, l'autorité pourrait-elle se maintenir,
en face d'une opposition contenue, il est vrai, dans
les bornes prescrites par la conscience, mais toujours
en garde contre des supérieurs dont elle ne croit pas
pouvoir approuver les tendances ? Comment se main-
tiendrait-elle en face de partisans dont il faut ménager
la susceptibilité, dissimuler les écarts, de peur de les
voir se jeter dans le parti adverse? L'autorité perdant
sa force, il est inutile d'énumérer les abus qui envahi-
ront une Société abandonnée sans défense. Une triste
et trop longue expérience confirme cette vérité. Quant
à la charité fraternelle, au milieu d'interminables débats, elle ne peut manquer de s'affaiblir et de s'étein-

dre. En effet, si dans tous les partis, il y a des esprits calmes et modérés qui peuvent vivre en paix avec ceux dont ils ne partagent pas les sentiments, il faut convenir, vu la nature de l'homme, que le plus grand nombre, même parmi des religieux, se laisse aller à des paroles exagérées, à des procédés irritants, qui rendent la bonne harmonie impossible; en sorte que la minorité, accablée par le nombre, se trouve réduite à l'état de victime.

Pour arriver à la paix, il faut donc arriver à l'homogénéité : ce besoin est généralement senti. On convient de plus, que pour établir cette uniformité de vues, une séparation est indispensable : tous la réclament, mais tous ne la comprennent pas de la même manière. On peut l'envisager à trois points de vue différents:

1° Séparation par l'expulsion de la minorité : c'est la pensée du Très Révérend Père Supérieur général ;

2° Séparation volontaire avant l'approbation du Saint Siège : c'est le mode employé par Mgr. Bodichon.

3° Séparation en vertu d'un décret du Souverain Pontife : c'est ce que réclame la minorité restée fidèle aux anciennes constitutions.

I. — SÉPARATION PAR L'EXPULSION.

La séparation par l'expulsion entre dans la pensée

du Très Révérend Père Supérieur général. Il a donné un commencement d'exécution à son projet, en me chassant de la Congrégation, me considérant comme étant à la tête des amis de la règle des vénérables fondateurs. Des menaces directes et indirectes ont été récemment adressées, par lui, à plusieurs religieux qui partagent mes convictions ; il a déclaré qu'il voulait en finir avec ce parti.

Une telle séparation est impossible et injuste.

1° Je dis d'abord que, vouloir faire de la Congrégation un tout homogène, par le moyen de l'expulsion, c'est tenter l'impossible. Le parti de la règle des fondateurs n'est pas seulement un composé d'un nombre limité de religieux, mais c'est avant tout un principe. Or, en chassant les hommes, vous ne chassez pas le principe, il résiste à toutes les expulsions. Dans vingt ans, dans trente ans, dans un siècle, et toujours, il se rencontrera des religieux qui, en compulsant les annales de l'Institut, apprendront qu'il y a eu des fondateurs remplis de l'esprit de Dieu ; que ces fondateurs ont établi des constitutions et règles complétées ; qu'on a changé substantiellement ces constitutions et règles, et ils se demanderont pourquoi il ne serait pas permis de revenir à ce premier état. Plus on s'éloigne de l'époque des fondateurs, plus le respect pour leur mémoire grandit. Vus de près, ce sont des hommes remplis de sainteté, il est vrai, mais, après tout, ce sont toujours des hommes, avec les petites proportions de l'humanité ; vus de la hauteur d'un siècle , ce sont des saints, rien que des saints, l'homme disparaît à une aussi grande distance. Le principe, base de notre respect pour les constitutions anciennes, loin de s'affaiblir avec le temps , doit donc s'affermir et réunir perpétuellement autour de lui des amis dévoués.

Je vais plus loin, et j'avance que, même aujourd'hui, il n'est pas possible de faire disparaître tous ceux qui désirent le retour à la règle ancienne. La première condition pour les exclure, c'est de les connaître. Or, comment connaître l'opinion d'un grand nombre d'hommes, lorsque tous ont le plus grand intérêt à la tenir cachée? Les uns, par prudence, garderont le silence absolu ; les autres, par timidité et redoutant que le silence ne soit mal interprété, useront d'une sorte de dissimulation, et, sans mentir positivement, ils laisseront croire qu'ils partagent les idées nouvelles ; d'autres, s'imaginant que tout espoir est perdu pour la règle des fondateurs, parleront en faveur des nouvelles constitutions, tout en regrettant au fond du cœur un passé qu'ils s'efforceront d'oublier. Fera-t-on appel aux signatures pour constater le nombre des amis des changements? On n'ignore pas la valeur des signatures données sous les yeux d'une autorité qui peut vous faire payer chèrement un refus. Il y a environ dix ans, on demanda des signatures libres, disait-on ; quelques-uns eurent le courage d'user de leur liberté en refusant d'apposer leur nom à des actes réprouvés par leur conscience On se rappelle dans la

Congrégation ce qu'ils ont eu à souffrir par suite de ce refus qui, encore aujourd'hui, n'est pas oublié.

Au reste, quand on arriverait à découvrir tous ceux qui désirent revenir aux règles primitives, comment les exclure? Je suis, plus que beaucoup d'autres, au courant de ce qui concerne les amis de la fondation, et j'affirme que plus de vingt prêtres, quelques frères de chœur et au moins la moitié des frères convers, c'est-à-dire plus d'une centaine de membres de l'Institut veulent revenir aux constitutions anciennes. Osera-t-on jeter sur le pavé un nombre aussi considérable de religieux, après de longues années passées au service de la communauté? On ne peut donc s'arrêter à la pensée d'une expulsion collective, et, dans la réalité, personne n'y songe. Le plan auquel on semble s'être arrêté consiste à renvoyer les plus influents, et à réduire les autres au silence par la crainte. Ce mode peut obtenir l'apparence d'un succès momentané. Après un coup violent, il existe un moment de stupeur et tout se tait; mais les mêmes désirs reposent au fond des cœurs, et bientôt la lutte recommence, seulement on y met plus de prudence. Bien plus, s'il y a des âmes faibles qu'un coup d'état épouvante, il y en a d'autres que la violence révolte : ces derniers flottaient dans l'incertitude, un tel coup les fixe dans l'opposition. Ainsi, le coup porté dernièrement contre moi n'a pas enlevé à la cause des fondateurs un seul défenseur, et il a produit sur plusieurs adversaires une impression favorable. Les causes de la nature de celle pour laquelle j'ai l'honneur de combattre et de souffrir, ne grandissent jamais mieux qu'au sein des persécutions.

Non-seulement la séparation par voie d'expulsion est impossible, mais encore elle est injuste. En entrant par la profession des vœux dans la Société des Sacrés Cœurs, le religieux prend des engagements perpétuels envers la communauté; mais, de son côté, l'Institut est lié à son égard, et le Supérieur général n'est pas libre de prononcer un renvoi sans les motifs les plus graves. Or, quel est le crime de celui qui, tout en conservant pour l'autorité existante le respect le plus profond et la soumission la plus entière, garde au fond de son cœur l'espérance d'un avenir plus conforme à ses vues? Quel est le crime de celui qui, tout en prêchant l'obéissance aux règles nouvelles et en les observant lui-même, manifeste avec simplicité, sans esprit de propagande, surtout devant ceux qui pensent comme lui, son désir de voir revivre l'esprit et les constitutions des fondateurs? Quel est le crime de celui qui, laissant de côté la cabale, adresse humblement ses supplications à Rome pour en obtenir l'approbation souhaitée? Voilà cependant ce qu'il faudra punir par l'expulsion pour trouver l'homogénéité cherchée. On lancera au milieu du monde une foule de religieux dont le seul crime aura été leur fidélité à conserver la mémoire des saints suscités de Dieu pour fonder la Congrégation. Parmi eux, les uns, trop âgés pour se créer une position, végéteront dans le besoin; les autres, pouvant encore rendre des services, verront leur carrière brisée, considérés partout comme chassés ou comme apostats. D'ailleurs combien n'est-il pas pénible, pour celui qui a renoncé au siècle par vocation, d'être obligé d'y rentrer et d'y demeurer malgré ses répugnances ?

La séparation par voie d'expulsion n'est donc ni juste ni possible.

II. — SÉPARATION VOLONTAIRE AVANT L'APPROBATION DU SAINT SIÉGE.

Il ne peut plus être question d'examiner si ce mode est légitime, le décret émané récemment du Saint Siége ne laisse aucun doute à cet égard. Sans incriminer les intentions de Mgr. Bodichon et de ses partisans, j'ai toujours blâmé cette scission, et j'ai été assez heureux pour empêcher plusieurs Frères d'en faire partie.

Le point essentiel maintenant est de savoir si la condamnation de la séparation effectuée par Mgr. Bodichon, est une condamnation indirecte des amis de l'ancienne règle.

Le T. R. P. Supérieur général, dans une circulaire, insinue l'affirmative. Voici ces paroles : « Qu'il nous » suffise d'appeler un instant votre attention sur cette » expression *unitatem, l'unité* employée par le Saint » Siége dans le deuxième article du décret. Ne doit-

» il pas être évident pour nous tous que l'intention du
» Souverain Pontife est que la Congrégation des Sa-
» crés Cœurs soit *une*, tout en maintenant les modifi-
» cations que son autorité suprême a cru devoir
» apporter à la règle des Frères et des Sœurs, et sanc-
» tionner à diverses reprises. »

Sans doute, l'intention du Souverain Pontife est que
la Congrégation soit *une* ; elle ne peut exister qu'à cette
condition, et c'est pour arriver à cette unité nécessaire
que je demande une séparation entre deux éléments
opposés. Or, je ne vois rien dans le décret qui désap-
prouve un tel désir : ce que Rome condamne, ce n'est
pas le désir d'une séparation, mais l'acte d'une séparation effectuée sans son aveu. La décision, dont Picpus se réjouit comme d'un triomphe remporté sur les
amis de l'ancienne règle, a été, au contraire, provo-
quée par nous, et nous avons peut-être plus contribué
que personne à l'obtenir. Comment après cela pourrait-on l'invoquer contre nous ?

Voici ce que j'écrivais à Rome au mois de juillet
1855. « Très Saint Père, un sujet de crainte vient nous
» troubler au milieu de nos espérances. Nous avons
» l'appréhension, peut-être mal fondée, de nous trou-
» ver confondus avec ceux qui, à l'époque du décret
» apostolique par lequel Votre Sainteté, acceptant la
» démission de Mgr. Bonamie, ordonnait la nomina-
» tion d'un nouveau Supérieur général, se séparèrent
» de la Congrégation de leur propre mouvement, et
» s'en allèrent, sans approbation du Saint Siége,

» dresser leur tente à l'opposé de leurs Frères. Nous
» les avons désavoués dès le principe, et nous n'avons
» jamais cru qu'il nous fût permis, malgré tout notre
» dévouement pour l'œuvre des fondateurs, de nous
» replacer sous leurs règles sans le consentement du
» Siége apostolique.

» .... Que Mgr. Bodichon ne dise pas que
» nous attendons l'approbation du Saint Siége pour
» nous ranger de leur côté ; je connais la pensée in-
» time de la plupart des amis de l'ordre primitif, ils
» sont tous d'accord pour rejeter l'idée d'une telle
» réunion, et il leur serait on ne peut plus pénible de
» penser qu'un jour ils devraient vivre sous leur
» obéissance. Il serait bien dur, en effet, pour une
» majorité aussi grande de se voir sous la dépendance
» d'une minorité aussi faible. Nous ne pourrions nous
» empêcher de nous demander ce qu'a fait cette mi-
» norité pour mériter le privilége d'être le centre
» autour duquel les amis de l'ancienne règle devraient
» se réunir. Ils ont déserté leur poste avant le temps ;
» ils n'ont tenu aucun compte des décrets du Saint
» Siége ; ils se sont constitués en Société religieuse
» sans approbation de Votre Sainteté.

» Nous, au contraire, majorité, nous nous sommes
» toujours soumis aux décrets émanés du Saint Siége,
» nous nous sommes résignés à porter le joug des
» Egyptiens, jusqu'à ce qu'un nouveau Moïse nous
» arrive de la part de Dieu pour nous donner le signal
» du départ. Nous avons eu une obéissance aveu-

» gle aux ordres de Votre Sainteté, et quelque chose
» qui nous arrive, nous ne nous en repentirons pas ;
» car nous avons fait notre devoir. Si, comme nous
» osons toujours l'espérer, Votre Sainteté songe à ré-
» tablir la règle des fondateurs, elle saura que les
» sincères amis de la fondation sont là où ils doivent
» être, dans la Congrégation, vivant dans l'obéis-
» sance religieuse, conformément à la règle nou-
» velle, en attendant la décision qui leur permette de
» revenir à leur règle bien-aimée. Hâtez, nous vous
» en conjurons, le moment de notre délivrance ! Sau-
» vez les débris de notre Congrégation, en la rame-
» nant a son état providentiel ! »

Dans un mémoire, en date du 6 janvier de la présente année, je renouvelais à Sa Sainteté les mêmes
observations et les mêmes demandes.

Il est évident, d'après cette citation, que nous
avons été loin de faire cause commune avec M. Bodichon; conséquemment le décret qui le frappe ne peut
nous être appliqué sans injustice, à moins que nous
n'y soyons nommément désignés. Or, c'est ce qui
n'existe pas ; car voici le décret :

« Ce n'est pas sans une profonde douleur que notre
» Très Saint Père le Pape Pie IX a appris qu'à l'occa-
» sion des Chapitres généraux tenus en l'année 1853,
» par la Congrégation des Sacrés Cœurs de Jésus et
» de Marie, et de l'Adoration perpétuelle, pour élire
» un Supérieur général et une Supérieure générale,
» quelques Frères et quelques Sœurs se sont séparés

» de ladite Congrégation, pour se retirer dans des
» maisons particulières, et qu'ils en sont venus au
» point de se nommer respectivement un Supérieur et
» une Supérieure générale indépendants de ceux du
» susdit Institut, élus canoniquement. Sa Sainteté n'a
» point ratifié cette séparation et cette élection illégi-
» times, mais espérant que, les esprits une fois cal-
» més, les Frères et les Sœurs séparés reviendraient à
» l'unité, le Saint Père les a, pour un certain temps,
» soumis à la direction du Nonce apostolique.

    » Cependant comme, ni la persuasion, ni les mena-
» ces n'ont pu les ramener à l'unité, et que des maux
» graves sont imminents, Sa Sainteté décrète ce qui
» suit de son autorité apostolique :

    » 1° La séparation est tout-à-fait désapprouvée ;

    » 2° Les Frères et les Sœurs sont avertis de la ma-
» nière la plus pressante, dans le Seigneur, de reve-
» nir à l'unité ;

    » 3° Quant aux Frères et aux Sœurs qui refuseraient
» de rentrer dans la Congrégation, il leur est permis,
» par indulgence, de demeurer en communauté dans
» les deux susdites maisons, avec défense, sous peine
» de nullité, de recevoir des jeunes gens et des jeunes
» personnes au noviciat, et d'admettre respectivement
» leurs novices à la profession. Il leur est également
» interdit d'oser ériger et fonder des maisons. En con-
» séquence, après la mort des personnes qui compo-
» sent les deux maisons sus-énoncées, ces deux mai-
» sons, par le fait même, cesseront d'exister :

» 4° Il est absolument défendu aux Frères séparés
» d'exercer aucune direction à l'égard des Sœurs, qui
» dépendront en tout de l'Ordinaire du lieu. Ce sera à
» l'Ordinaire de leur donner les confesseurs à son
» gré ;

» 5° Les susdits Frères dépendent entièrement de
» l'Ordinaire, et seront soumis pour tout à sa juri-
» diction ;

» 6° L'élection d'un Supérieur et d'une Supérieure
» générale, quels qu'ils soient, sera nulle et de nul
» effet.

» Sa Sainteté statue, arrête et décrète, de son au-
» torité apostolique, les dispositions sus-énoncées,
» nonobstant toutes autres dispositions contraires,
» même celles dignes d'une mention spéciale et indi-
» viduelle.

» Donné à Rome, à la secrétairerie de la Sacrée
» Congrégation des Evêques et des Réguliers, le
» 14 avril 1856.

» *Signé :* G. Cardinal DELLA GONGA, préfet,

» A. Archevêque de PHILIPPES, secrétaire. »

Où trouver dans ce décret l'ombre d'un désir mani-
festé par le Saint Père, de voir les amis de la règle
ancienne renoncer à leurs convictions pour s'attacher
aux changements ? Ce qui me paraît évident, c'est que
la cour de Rome s'est réservée d'examiner encore la
question à ce point de vue. Elle a tranché la difficulté

sur un point qui n'était pas en litige entre les amis de l'ancienne règle et les amis de la nouvelle ; elle a écarté un adversaire commun. Maintenant que l'adversaire commun est mis de côté, le débat se simplifie, il ne reste plus, pour arriver à la paix, qu'à séparer les deux camps.

III. — SÉPARATION EN VERTU D'UN DÉCRET DU SAINT SIÉGE.

Ce mode n'offre aucun inconvénient sérieux , et il renferme les plus grands avantages :

1° Il n'offre pas d'inconvénients sérieux. Ce que l'on semble redouter le plus, et peut-être uniquement, ce sont les difficultés qui peuvent surgir par rapport au partage des biens temporels. A cela, je répondrai en déclarant le fond de ma pensée, et je la crois d'accord avec celle de tous ceux qui désirent sincèrement l'œuvre du Bon Père : avant tout, et pardessus tout, nous aspirons au rétablissement des constitutions et des règles de nos fondateurs ; si la possession des biens de la terre devait être un obstacle à la réalisation de nos légitimes espérances, nous ne balancerions pas un instant à vous dire : Gardez les propriétés, rendez-nous notre règle. Nous avons appris de nos fondateurs à bâtir sur le sol de la pauvreté , ils ont commencé l'œuvre avec rien, nous nous sentons animés du même esprit, quoique avec une sainteté différente, et nous espérons des résultats semblables à ceux qu'ils ont obtenus. La Providence a été et sera toujours le fond le plus riche pour les pauvres évangéliques. Nous ne renonçons pas cependant à nos droits ; mais, pour nous, c'est une question de second ordre et purement accessoire. Si le maintien de ces droits, même les plus incontestables, pouvait entraver l'œuvre de Dieu, en retardant le retour aux anciens principes, nous préférerions en faire à jamais le sacrifice. Qu'on ne les objecte plus comme un obstacle;

2° D'immenses avantages doivent résulter de cette mesure. Ils peuvent se résumer en un seul mot : la paix. Nous la cherchons vainement depuis dix-huit ans. La guerre intestine nous travaille et détruit chaque jour, au milieu de nous, la vie religieuse, malgré tous les efforts pour la conserver. Or, cette lutte, source intarissable de tous les maux, trouve son aliment continuel dans l'union forcée de deux principes qui se repoussent. La séparation une fois prononcée, ces éléments contraires se séparent, et l'on a pour résultat deux Sociétés amies, composées de membres parfaitement unis.

Comment se fait-il que Picpus ne veuille pas adopter ce plan si simple? Vous êtes, disent-ils, trop peu nombreux, un parti éteint. Permettez-moi, leur répondrai-je, de relever ici une contradiction manifeste dans le langage que vous tenez depuis dix-huit ans. S'agit-il de réclamer contre nous des mesures rigoureuses : vous nous représentez aussitôt comme un parti formi-

dable, capable d'entretenir le malaise et la fermentation dans toute la Congrégation ; nous paralysons tout
le bien que vous voudriez faire; vous nous donnez une
puissance d'action extraordinaire. Or, un parti capable d'exercer sur toute une Société une telle influence,
est loin d'être anéanti ; il faut nécessairement qu'il
compte un bon nombre de membres actifs, et un plus
grand nombre encore de membres qui sympathisent
avec eux plus ou moins ouvertement. D'un autre côté,
s'agit-il d'empêcher que nous obtenions une approba
tion : vous passez à l'autre extrême, et nous ne sommes plus qu'une coterie insignifiante et un parti
éteint. En un mot , suivant les occurrences et les be
soins, vous nous représentez forts ou faibles , redou-
tables ou nuls, capables de tout remuer dans l'Institut
ou dénués de toute influence ; ayant des ramifications
dans toutes les maisons , ou ne possédant plus qu'une
existence chimérique. La vérité est entre ces deux ex-
trêmes. Nous ne sommes ni aussi forts ni aussi faibles,
ni aussi influents ni aussi nuls que vous le prétendez.
Nous sommes en minorité, il est vrai , mais en nombre assez grand pour que l'on veuille bien compter
avec nous. Au reste , vous ne saurez ce nombre que
le jour où une séparation sera permise, et vous serez
tout surpris du vide qui se fera dans vos rangs.

Enfin, demanderais-je aux amis de la règle nouvelle,
quel parti voulez-vous donc prendre, relativement aux
amis de l'ancienne règle? Ils ont droit à savoir votre
pensée. Vous n'avez pas, sans doute, la prétention de

les obliger à renoncer à leurs convictions. Il n'est pas libre à l'homme de quitter des idées comme il quitte un vêtement. Vous les forcerez donc à demeurer avec vous et à se taire? Mais votre cœur n'éprouve-t-il rien en présence d'une semblable mesure? Ne voyez-vous pas que vous allez faire des malheureux? Ensevelissant au fond de leurs âmes d'impérissables regrets et d'immortels désirs, ils pleureront, comme Jérémie, sur les ruines de leur Jérusalem. Jusqu'ici ils ont gémi plus que vous ne sauriez le croire, ils ont souffert plus que vous ne pensez ; car ils vous ont, par prudence et par amour de la paix, dérobé l'amertume de leurs chagrins; mais du moins ils se sont consolés, dans l'espérance d'un meilleur avenir. Enlevez-leur cet espoir, ils tomberont dans l'accablement, n'attendant de soulagement que de la mort Vous continuerez à leur reprocher leur sainte tristesse ; mais comment voulez-vous qu'ils se réjouissent sur une terre égrangère, *quomodo cantabimus in terrâ alienâ?*

Las de les voir sombres et attristés, leur direz-vous de se retirer? Sachez-le bien, ils aiment autant que vous, plus que vous peut-être, la sainteté de la vie religieuse; le monde leur est à charge, et généralement ils ne consentiront jamais à s'y fixer. Je reçois continuellement des lettres de ceux que les malheurs de la Congrégation ont jetés dans le siècle : comme ils attendent avec anxiété le dernier mot du Saint Siége, afin que les brebis dispersées d'Israël puissent rentrer dans le bercail, sous la garde des saints fondateurs !

Il est trop tard, direz-vous ; il fallait penser à réclamer en 1838. — J'ai longtemps regretté ce silence des amis de l'ancienne règle à l'époque des changements. Aujourd'hui, voyant les choses de plus près, je remercie la Providence de n'avoir pas permis ces réclamations. En effet, si elles avaient eu lieu, les innovations auraient reculé ; mais les amis des changements ne se seraient pas tenus pour vaincus, ils auraient ajourné indéfiniment l'exécution de leurs projets ; ils auraient, en attendant, travaillé sourdement l'opinion publique dans le sens de leurs convictions, et dans un temps plus ou moins éloigné, l'explosion comprimée n'en eût été que plus terrible. Il fallait nécessairement arriver tôt ou tard à séparer des éléments contraires. Dieu, dont l'action est pleine de douceur et de force, a préparé de loin cette séparation, en permettant une nouvelle règle, afin que chacun pût choisir son drapeau, et qu'ensuite la division s'opérât sans choc.

D'un autre côté, il faut bien le dire, les réclamations étaient moralement impossibles. Parmi les adversaires des changements, les uns étant à l'étranger, à Smyrne ou dans l'Océanie, n'ont pu connaître les bouleversements effectués dans la Société, qu'après l'approbation pontificale ; les autres, en France, ont été arrêtés par divers motifs. Plusieurs, sur la parole des Supérieurs, ont regardé les changements comme de simples modifications ou éclaircissements — j'étais de ce nombre — d'autres, surtout parmi les Frères convers, ont ignoré qu'ils avaient le droit de protester contre le travail du

Chapitre général; ceux-ci ont été découragés par l'idée de l'inutilité de leurs réclamations; ceux-là se sont abstenus, par l'ignorance des moyens à prendre, pour faire parvenir au Saint Père leurs demandes; la crainte de s'attirer des reproches sévères de la part de l'autorité, dans les uns, un amour excessif de la paix, dans les autres: mille considérations ont concouru à cette abstention de réclamation en 1838.

A peine le décret d'approbation de la nouvelle règle avait-il paru, que le Ciel, voulant travailler immédiatement avec sa force et sa douceur ordinaires, à la séparation du double élément renfermé dans la Congrégation, fit ouvrir les yeux aux véritables enfants du Bon Père. Sortant comme d'un profond sommeil, ils se demandèrent comment ils avaient pu assister silencieux à une telle révolution. Alors ils s'empressèrent de réparer ce qu'ils envisageaient comme une faute, quoique, dans la réalité, ce fût un acte de profonde sagesse de Dieu ; ils adressèrent à Sa Sainteté d'humbles supplications pour le retour à la règle ancienne.

Son Excellence Mgr. Fornari, dont la mémoire demeurera toujours vivante dans tous les cœurs dévoués à l'œuvre des fondateurs, et en particulier dans le mien, à cause de l'accueil si paternel dont il a bien voulu m'honorer dans un grand nombre de circonstances, où j'ai eu besoin de recourir à ses conseils et à sa protection, fut chargé par le Saint Siége de nous dire *d'attendre*, qu'il *n'était pas encore temps.* A cette époque, la lutte était portée sur un autre point : il s'agissait de maintenir les Sœurs en possession des constitutions anciennes, et l'on ne voulait pas traiter en même temps les deux questions.

Nous avons attendu patiemment, renouvellant de loin en loin nos demandes, et laissant toujours Sa Sainteté juge absolu du temps où il conviendra de nous réintégrer dans nos constitutions.

CONCLUSION.

J'ai prouvé que le Bon Père et la Bonne Mère ont été suscités de Dieu pour fonder la Congrégation des Sacrés Cœurs ; qu'ils ont mis la dernière main à leur œuvre avant de mourir ; que de nombreux changements substantiels, sans tenir compte de plus de cent-cinquante modifications ou additions moins considérables, ont été introduites par le Chapitre général de 1838, approuvé en 1840 : j'ai exposé plusieurs motifs, qui militent en faveur d'un retour à l'état primitif, et j'ai donné mes raisons pour démontrer la nécessité d'une séparation afin d'arriver à la solution de toutes les difficultés qui agitent l'Institut depuis dix-huit ans.

Maintenant, au nom des membres de la Congrégation des Sacrés Cœurs demeurés fidèles aux anciennes constitutions, je supplierai Leurs Eminences les Cardinaux de la Sainte Eglise Romaine, Messeigneurs les Archevêques et Evêques, tant ceux que nos affaires regardent, que ceux qui s'y intéressent par pure bienveillance, de vouloir bien nous prêter l'appui de leurs lumières et de leur protection , afin que cette Société,

« *qui doit procurer tant de bien spirituel à la chrétiente* »
(paroles de Pie VII), mettant fin à ses luttes intes-
tines, puisse travailler en paix à la gloire de Dieu, au
salut des âmes, à l'édification de l'Eglise, et cesse d'é-
puiser dans de perpétuels débats, des forces qui seront mieux employées contre les ennemis de Dieu et
de son Christ.

En attendant cet heureux résultat, je conjure mes
amis, tant ceùx qui sont au dedans de la Congrégation, que ceux qui sont au dehors, d'être fidèles à conserver l'esprit de modération et de douceur ; en sorte
que si la charité devait éprouver des blessures, que ce
ne soit jamais par nos mains. Qu'ils prient les Sacrés
Cœurs de Jésus et de Marie d'avoir pitié de nous ;
qu'ils cherchent des protecteurs dans le Ciel : ceux-là
sont toujours plus sûrs et plus puissants que ceux de
la terre.

Si, dans le cours de ce mémoire, il y a un seul mot
offensant pour qui que ce soit, je le rétracte ; et je
veux que l'on soit bien convaincu de mon sincère attachement pour tous et pour chacun de ceux dont je
combats les opinions.

FIN.

Imprimerie **Carré-Michels**, passage du Caire, 78 et 79

et impasse de la Grosse-Tête.

9 782014 448207